Pepper Mint

SPANNENDE ABENTEUER, CLEVERE EXPERIMENTE

Pepper Mint

DAS VERRÜCKT FANTASTISCHE FORSCHERBUCH

Von Babette Pribbenow
mit Illustrationen von Tanja Donner

KOSMOS

Umschlaggestaltung von Carolin Liepins unter Verwendung einer Illustration von Tanja Donner

Innenillustrationen von Tanja Donner

Unser gesamtes lieferbares Programm und viele weitere Informationen zu unseren Büchern, Spielen, Experimentierkästen, DVDs, Autoren und Aktivitäten findest du unter kosmos.de

Alle Angaben in diesem Buch erfolgen nach bestem Wissen und Gewissen. Sorgfalt bei der Umsetzung ist indes dennoch geboten. Der Verlag und die Autorin übernehmen keinerlei Haftung für Personen-, Sach- oder Vermögensschäden, die aus der Anwendung der vorgestellten Materialien und Methoden entstehen könnten.

MIX
Papier aus verantwortungsvollen Quellen
FSC® C014138

Gedruckt auf chlorfrei gebleichtem Papier

ISBN 978-3-440-16558-4
Redaktion: Verena Tingler
Produktion: Verena Schmynec
Grundlayout: Carolin Liepins
Satz: Melanie Kitt / Satzwerk Huber, Germering
Druck und Bindung: Finidr, s.r.o., Český Těšín
Printed in Czech Republic / Imprimé en République tchèque

HALLO FREUNDE,

ich möchte euch auf eine spannende Abenteuerreise durch den Amazonas-Regenwald mitnehmen. Wir werden quer durch den Dschungel laufen, einigen wilden Tieren begegnen und rätselhafte Spuren verfolgen. Um den richtigen Weg zu finden, müssen wir Rätsel lösen, die richtigen Entscheidungen treffen und Experimente durchführen. Ihr findet in der Buchklappe den Bausatz für eine Schutzbrille, die ihr bei den Experimenten benützen könnt. Schneidet die Teile aus, fügt sie mit Klebeband zusammen und klebt anstatt der Gläser Klarsichtfolie in den Brillenrahmen. Für die Experimente brauchen wir einige Zutaten, die ihr am besten vor dem Lesen schon besorgt, damit wir später keine Zeit verlieren. Denn eins kann ich euch sagen, der Weg ist gefährlich und wir müssen uns beeilen!

Eure Pepper Mint

FÜR DIE EXPERIMENTE BRAUCHEN WIR FOLGENDE DINGE:

- flüssige Lebensmittelfarbe, z. B. rot
- Zitronensäurepulver
- Natron
- Salz
- ein rohes Ei
- Mehl
- Jodlösung mit Tropfpipette (aus der Apotheke)
- weiße Kaffeefiltertüten aus Papier
- eine Nähnadel
- einen Magnet (z. B. einen Kühlschrankmagnet)
- Plastikdeckel einer Getränkeflasche (von mindestens einem Zentimeter Höhe)
- Papier
- Wattestäbchen

DIESE MATERIALIEN SIND WAHRSCHEINLICH IN EURER KÜCHE VORHANDEN:

- hohes Glas oder Becher
- Wasserglas
- 2 kleine Schalen
- kleiner Messbecher
- Teelöffel
- Esslöffel

Weiter hinten im Buch, ab Seite 172, findet ihr mein Forscherbuch. Dort habe ich alles Wissenswerte über die Experimente, Erläuterungen und die Auflösungen der Rätsel aufgeschrieben. Aber jetzt nichts wie los in den Dschungel!

Wo ist Onkel Theo?

Wutsch! Mit einem lauten Knall landete Pepper Mint etwas unsanft mitten auf dem Dach des Baumhauses, auf das sie sich mithilfe einer Luftwurzel geschwungen hatte. Sie rappelte sich auf und rieb ihren Hintern. Das mit dem Einschätzen der Abstände musste sie noch etwas üben.

Wutsch! Keine zwei Sekunden später landete ein kleines Fellknäuel in ihrem Rücken, sodass sie gleich wieder nach vorn kippte. Geschickt schwang sich das Fellknäuel auf ihre Schulter und schlang beide Arme um ihren Hals. Das war der Lieblingsplatz des kleinen Seidenäffchens Lori, das Pepper auf Schritt und Tritt begleitete, wenn sie bei Tante Frieda und Onkel Theo am Amazonas war. Lori war das süßeste, aber auch das frechste Äffchen, das Pepper kannte. Wenn man über ihr Fell strich, fühlte es sich ganz fein und seidig an. Außerdem war sie sehr schön anzuschauen. Lori war nämlich auffällig gefärbt: Der Rücken war braun, während ihre Schultern und ihr Bauch fast weiß strahlten, der lange,

buschige Schwanz hingegen war braun-grau geringelt. Aber das Lustigste an Lori waren die langen, weißen Fellbüschel an ihren Ohren. Lori machte gerne Blödsinn und neckte die anderen Tiere, aber sie fügte nie jemandem ernsthaften Schaden zu.

Eigentlich lebte Pepper bei ihren Eltern in Berlin, wo sie auch zur Schule ging. In den Ferien durfte sie aber manchmal ihre Tante und ihren Onkel besuchen, die in einem total coolen Baumhaus im Dschungel lebten. Beide waren Wissenschaftler und arbeiteten am Amazonas-Forschungsinstitut. Sie erforschten die Lebensweise und das Verhalten von einigen Tieren des Regenwaldes. Tante Frieda war Tierärztin und betrieb nebenbei eine kleine Farm mit wilden Tieren, die vorübergehend auf Hilfe und ärztliche Versorgung angewiesen waren. Sie hatte schon ganz unterschiedliche Tiere gesund gepflegt: verschiedene Affenarten wie Seiden- und Kapuzineräffchen, Faultiere, Papageien und Tukane. Einmal hatte sich Tante Frieda sogar um einen Delfin gekümmert, den sie krank im Fluss gefunden hatte, und ihm den Namen Felix gegeben. Wenn sich die Tiere wieder erholt hatten, wurden sie freigelassen. Einige machten sich dann sofort aus dem Staub und man sah sie nie mehr, andere aber hatten eine Bindung zu den Menschen aufgebaut und kamen ab und zu wieder, um sich kraulen zu lassen oder etwas Futter abzuholen. Die kleine Lori hatte ihre Mutter und den Rest der Affenfamilie verloren, als diese Wilderern ins Netz gegangen waren. Doch zum Glück fand Onkel Theo das Äffchen und brachte es zum Baumhaus, als Pepper in den Sommerferien dort war. Pepper hatte die Kleine mit der Flasche großgezogen, worauf sie ziemlich stolz war. Als Lori alt genug war, um allein zu leben, hatte Tante Frieda ihr nach und nach alles beigebracht, was sie wissen musste, um im Dschungel zu überleben. Aber Lori hatte sich nie weit vom Baumhaus entfernt. Zwar kam es vor, dass sie ein oder auch zwei Tage im Dschungel unterwegs war, aber sie kam immer wieder zurück. Und wenn Pepper da war, dann wich Lori ihr nur selten von der Seite. Die beiden hatten viel Spaß daran, durch den Dschungel zu tollen, und Pepper bemühte sich, ähnlich elegant wie das kleine Äffchen die Baumriesen hochzuklettern und sich mit den langen Luftwurzeln von Ast zu Ast zu schwingen. Natürlich war sie längst nicht so schnell und flink wie Lori, aber sie wurde immer geschickter beim Klettern.

Heute war Pepper aber ganz und gar nicht zum Spaßen aufgelegt. Ihr sonst so fröhliches Gesicht mit den vielen Sommersprossen, den funkelnden grünen Augen und den unbändigen roten Haaren wirkte ungewöhnlich bekümmert und eine tiefe Sorgenfalte hatte sich zwischen den Augenbrauen gebildet. Der Grund dafür war Onkel Theo. Seit zwei Tagen und Nächten war er nun schon verschwunden. Tante Frieda war außer sich vor Sorge und das wiederum machte Pepper Angst. Ihre Tante konnte eigentlich nichts erschüttern, aber wenn sie sich schon Sorgen machte, dann gab es auch einen ernsthaften Grund dazu. Am Morgen beim Frühstück hatte Pepper Tante Frieda beobachtet, wie sie immer wieder zum Fenster lief und mit dem Fernglas die Umgebung absuchte. Aber Onkel Theo blieb verschwunden. Peppers Herz zog sich vor Kummer zusammen, als Tante Frieda mutlos und verzweifelt das Fernglas sinken ließ.

Aber sie hatte auch ein schlechtes Gewissen. Sie verschwieg ihrer Tante nämlich etwas. Onkel Theo war vor zwei Tagen vom Einkaufen in der Stadt zurückgekommen und hatte ungewöhnlich grimmig ausgesehen. Schweigend war er im Baumhaus verschwunden und nach zehn Minuten mit seinem Rucksack wieder herausgestampft.

„Pass auf, Pepper“, hatte er zu ihr gesagt. „Ich muss unbedingt schnell los, sag Tante Frieda, ich bin spazieren gegangen.“ Dann hatte er sich heruntergebeugt, mit der

Hand ihr Kinn angehoben und ihr eindringlich in die Augen gesehen. „Falls ich nicht zurückkomme, musst du mich suchen gehen. Ich habe im Baumhaus eine Nachricht versteckt, damit du weißt, wo du mich finden kannst. Und kein Wort zu deiner Tante, sie muss hier bei den Tieren bleiben und macht sich sonst nur unnötige Sorgen." Pepper hatte genickt und bevor sie noch etwas fragen konnte, war er auch schon verschwunden. Es war, als hätte der Dschungel ihn verschluckt und bis jetzt nicht wieder ausgespuckt.

Nun war es wohl an der Zeit, diese Nachricht aufzuspüren, zwei ganze Tage und Nächte waren eine lange Zeit – auch für Onkel Theo. Vom Dach aus konnte Pepper sehen, dass Tante Frieda gerade die Tiere der Farm versorgte, und da Onkel Theo sein Geheimnis für sich behalten wollte, war die Gelegenheit, auf die Suche nach der geheimen Botschaft zu gehen, günstig. Wo könnte Onkel Theo ihr die Nachricht hinterlassen haben? Pepper grübelte, während sie sich auf dem Dach umsah. Es kamen viele Verstecke infrage, aber sie hatte nicht die Zeit, lange zu suchen, ihre Tante kam bestimmt bald zurück. Deshalb fing sie erst einmal auf dem Dach des Baumhauses mit der Suche an. Hier stand einer der beiden Wassertanks, unter dem ein hervorragendes Versteck war, das sie selbst ab und zu nutzte. Sie legte sich auf den Bauch, robbte halb unter den Tank und schaute sich um. Lori schnatterte aufgeregt und hielt sich an ihrem Kopf fest, was die Sache nicht gerade einfacher machte.

Aber sie fand nichts, so sehr sie sich auch drehte und wendete. Anschließend suchte sie zwischen den großen Solarpanelen, die über dem Blätterdach des Baumes in dem das Baumhaus thronte, befestigt waren und für das warme Wasser sorgten. Doch: Fehlanzeige. Auch hier war nichts zu finden. Nun musste sie logisch vorgehen. Sie setzte sich im Schneidersitz auf die Dachbalken, legte beide Zeigefinger an die Schläfen und überlegte: Onkel Theo hatte etwas versteckt, was ihre Tante nicht finden sollte, demnach schieden Wohnzimmer, Schlafzimmer und die Küche aus. Blieben nur Onkel Theos Arbeitszimmer und ihr eigenes Zimmer. In Peppers Zimmer lag immer alles kunterbunt durcheinander und sie bezweifelte, dass ihr Onkel in diesem Chaos etwas versteckte. Das konnte sie sich nicht vorstellen, er verdrehte immer die Augen, wenn er den Zustand ihres Zimmers sah. Also, dann kam eigentlich nur sein Arbeitszimmer infrage. Pepper sprang so schnell auf, dass Lori fast von ihrer Schulter gekippt wäre.

„Komm Lori!“, rief sie aufgeregt. „Ich glaub, ich weiß, wo wir suchen müssen.“

Sie rannte zum Rand des Daches, wo eine Leiter befestigt war, die bis auf den Boden reichte. Während der Regenzeit konnte das Wasser im Urwald sehr hoch steigen, deshalb standen die Häuser auf Pfählen. Das Haus von Onkel und Tante war sogar in einen riesigen Baum hineingebaut worden. Flink stieg Pepper die Leiter ein Stück hinunter, bis

sie auf gleicher Höhe mit ihrem Zimmer war, und schlüpfte einfach durch das Fenster hinein. Lori folgte ihr auf den Fersen. Sie durchquerte ihr Zimmer, lief den Flur entlang und öffnete die Tür zum Arbeitszimmer ihres Onkels. Wie immer blieb sie ehrfürchtig in der Tür stehen, denn dieser Raum war Onkel Theos Heiligtum. Die eine Hälfte des Zimmers war ein kleines Labor mit einem feuerfesten Tisch, auf dem viele Geräte und Glasgefäße standen sowie ein Bunsenbrenner. In einem verschließbaren Glasschrank lagerte ihr Onkel Chemikalien. Die andere Hälfte diente zum Lesen und Schreiben. Es gab einen Schreibtisch, viele Bücherregale und nicht zu vergessen die Terrarien seiner Lieblingstiere. Eins davon war die Vogelspinne Heidi, die schon viele Jahre bei Onkel Theo lebte. Im anderen Terrarium war eine kleine Kolonie von Ameisen angesiedelt, denen man durch die Glaswände beim Bauen des Nestes zuschauen konnte. Sonst blieb Pepper stundenlang vor dem Glaskasten stehen und beobachtete die Ameisen, ohne dass ihr langweilig wurde, aber heute hatte sie keinen Blick dafür.

„Wo hat Onkel Theo bloß die Nachricht versteckt?" Sie schaute Lori fragend an. Lori legte ihren Kopf schief, sprang von Peppers Schulter auf den Labortisch, kippte dabei ein Gefäß um und rüttelte am Knauf einer Schublade.

„Hey Lori, pass auf!" Schnell ergriff sie das Äffchen und hielt es lieber fest. Onkel Theo mochte es gar nicht, wenn Lori hier herumflitzte. Sie sah sich um, vielleicht hatte Lori recht, der Labortisch war ein gutes Versteck. Pepper öffnete die Schubladen und kramte zwischen Bechergläsern, Tiegeln und Rührlöffeln herum. Blöderweise wusste sie nicht einmal genau, was sie eigentlich suchte! Sie schaute unter die Tische und Stühle und suchte das Regal mit den Chemikalien ab. Nichts. Anschließend war der Bücherschrank an der Reihe: Sie holte die Bücher heraus und schüttelte sie, falls Onkel Theo etwas zwischen den Seiten versteckt hatte.

Dabei konnte Lori sich endlich nützlich machen. Genau wie Pepper holte sie mit ihren kleinen Händchen die Bücher aus den Regalen und drehte sie hin und her. Aber Lori gehörte zu den Krallenaffen, sie hatte keine Nägel, sondern kleine Krallen an Händen und Füßen, was die Sache etwas erschwerte. Anschließend ließ sie die Bücher allerdings fallen, statt diese wieder in das Regal zurückzustellen. Schnell herrschte im Labor ein gewisses Chaos, das die beiden ziemlich oft verbreiteten. Aber auch im Bücherschrank und den Regalen fanden sie nichts.

„So ein Mist!", schimpfte Pepper. „Wo soll ich denn noch suchen!"

Lori lief zum Papierkorb und stülpte ihn um.

„Gute Idee", lobte Pepper sie und durchwühlte hastig den Müll. Wieder nichts. Vielleicht war sie doch im falschen Zimmer? Sie hatte alles durchsucht bis auf … Pepper schlug sich vor die Stirn: „Heidi!" Sie hatte noch nicht bei der Vogelspinne nachgeschaut, die in einem großen Terrarium voller Pflanzen und abgestorbener Äste lebte. Die Spinne sah toll aus, fand Pepper, sie hatte einen großen dunklen, pelzigen Körper und acht Beine, die wirkten, als würde sie orange gestreifte Ringelsocken tragen. Sie saß wie immer auf ihrem Lieblingsplatz in einer Ecke auf einem der Äste, Vogelspinnen bewegten sich nicht so viel. Pepper schaute suchend durch das Glas: Hatte ihr Onkel vielleicht hier, bei seinem Lieblingstier, die Nachricht hinterlassen?

Da! Unter der Wasserschale der Spinne lag ein kleines gelbes Päckchen, das Pepper noch nie dort gesehen hatte.

„Schau doch!“, rief sie Lori aufgeregt zu. „Unter der Wasserschale liegt etwas.“

Lori sprang von ihrer Schulter, landete neben dem Terrarium und schaute durch die Scheibe. In dem Moment bewegte sich die Spinne und laut schnatternd sprang das Äffchen davon. Lori mochte die Spinne nicht besonders und saß jetzt zeternd auf einer Lampe.

„Ach komm, hab dich nicht so“, rief Pepper ihr zu. „Wir müssen doch nur das Päckchen rausholen.“

Vorn am Terrarium gab es eine Schiebetür, die man öffnen konnte, um z. B. das Wasser zu wechseln oder die Spinne mit Heuschrecken zu füttern. Pepper hatte das schon getan und Heidi sogar auf der Hand gehalten, aber immer war Onkel Theo dabei gewesen. Er hatte ihr erklärt, dass die Spinne vorn sogenannte Cheliceren, also Beißklauen hatte, mit denen sie ihren Futtertieren Gift einspritzte. Für Menschen stellte das Gift keine Gefahr dar, aber der Biss einer Vogelspinne tat weh, so wie ein Wespenstich. Lori schaukelte mit skeptischem Blick auf die Spinne an der Lampe.

„Außerdem sind wir für Heidi weder Futter noch eine Gefahr, weil sie uns kennt. Es gibt für sie gar keinen Grund, uns zu beißen, du brauchst also keine Angst zu haben.“ Das hatte Pepper auch von Onkel Theo gelernt. Nun gut, sie würde also die Tür aufschieben und das Päckchen unter dem Wassernapf hervorholen. Ein bisschen mulmig war Pepper schon zumute, als sie die Tür zum Terrarium einen Spalt weit öffnete und vorsichtig die Hand hineinstreckte.

„Ich hab keine Angst vor dir!“, sagte sie trotzig zu der Spinne, die deutlich größer als ihre kleine Hand war. Doch wie auf Kommando setzte sich Heidi in Bewegung und lief schnurstracks auf Peppers Hand zu. Schnell zuckte Pepper zurück und schob die Tür wieder zu. Ihr Herz schlug sehr schnell.

„So ein Mist!“, schimpfte sie laut und stampfte mit dem Fuß auf. Die Spinne hatte sich noch nie bewegt, wenn sie sonst den Wassernapf herausholte. Warum musste das ausgerechnet heute passieren, wenn sie es so eilig hatte. Und dann sah sie es: Der Wassernapf war leer! Na klar, Onkel Theo hatte ihn ja nicht neu füllen können. Heidi hatte bestimmt Durst. Was, wenn die Spinne auf ihre Hand kletterte, wenn sie den Napf herausholte? Nachher würde sie ihren Arm hochkrabbeln und sich aus dem Staub machen, das durfte auf keinen Fall passieren. Sie sah sich um und ihr Blick fiel auf eine Greifzange aus Metall, die der Onkel manchmal benutzte, um etwas über dem Bunsenbrenner zu erhitzen. Sie nahm die Zange, öffnete die Tür nur einen kleinen Spalt und schob das Werkzeug hindurch. Nach ein paar Versuchen gelang es ihr, den Napf mit der Zange zu greifen und aus dem Terrarium zu heben. Heidi bewegte sich nicht, und erleichtert füllte Pepper den Napf mit frischem Wasser. Jetzt nahm sie allen Mut zusammen, öffnete wieder die Tür und stellte den Napf mit zitternder Hand in eine andere Ecke. Heidi lief sofort auf das Wasser zu und Pepper nutzte die Gelegenheit, schnell das Päckchen herauszuziehen. Ihr Herz pochte vor Aufregung und mit zitternden Knien sank sie auf den Boden und schaute es sich genauer an. Auf dem gelben Wachstuch stand ihr Name, sie lag also richtig. Das musste Onkel Theos Botschaft sein. Inzwischen war Lori wieder von der Lampe heruntergesprungen und schaute ihr interessiert beim Auspacken zu. Pepper schlug die Seiten des Tuches auseinander und zum Vorschein kamen ein Brief, eine Anleitung, um etwas zu bauen, eine Nadel und ein Magnet. Verblüfft schaute sie auf die Schrift ihres Onkels, denn die Worte ergaben überhaupt keinen Sinn. Pepper nahm das Päckchen und ging in ihr Zimmer. Dort setzte sie sich aufs Bett und legte die Nachricht auf ihre Knie.

Li3b 3P3pp3 rw3n nd udi3s
3Nachrich tli3s tbi nic hnich
tzurückg3komm3 nlc hv3rfolg 33in
3wichtig 3Spu run dbrauch
3vi3ll3ich td3in 3Hilf 3G3h 3zw3
iStund3 nd3 nPfa d3ntlan gimm3
rRichtun gNord3 nbi sd ua
mFlussuf3 rankomms tD aic
hm3in3 nKompas smitg3nomm3
nhab 3muss td udi r3in3 n3ig3n3
nbau3 nda sis tgan z3infach 3
sst3h tall3 si nd3 rAnl3itung.

---> Du hast die Geheimschrift entschlüsselt? Dann lies auf Seite 105 weiter.

---> Die Nachricht lässt sich nicht entschlüsseln? Dann lies auf Seite 41 weiter.

ÜBERSCHWEMMUNG!

Pepper schaute auf das Filterpapier in ihren Händen. Die schöne Blume, die sie mit dem Wattestäbchen gezeichnet hatte, war kaum zu erkennen. Alles war durch das Jod braun und etwas verwischt worden.

Das bedeutete, dass sie den rechten Weg am Flussufer entlanglaufen sollte. Pepper setzte sich den schweren Rucksack auf den Rücken und ging los. Sie war müde und erschöpft von der Flussüberquerung. Selbst Lori hing wie ein nasser Sack auf ihrer Schulter. Der Weg war schwer zu laufen, alles war matschig und sumpfig. Das Wasser hatte hier offenbar noch vor Kurzem sehr hoch gestanden. Sie musste höllisch aufpassen, dass sie nicht auf dem feuchten Boden ausrutschte. Irgendwie sah es auch gar nicht danach aus, als ob vor ihr jemand hier entlanggelaufen war. Sie suchte den Boden mit ihren Augen ab, erkannte aber nirgends Fußabdrücke.

„Das ist merkwürdig", sagte sie zu Lori. „Wenn Onkel Theo diesen Weg genommen hat, müsste ich doch seine Fußspuren im Matsch erkennen können, oder?"

Langsam kamen ihr Zweifel, ob sie den richtigen Weg gewählt hatte oder ob bei dem Experiment eine andere

Lösung richtig war. Der Matsch wurde zunehmend tiefer und an einigen Stellen musste sie einen großen Bogen laufen, weil das Flusswasser übers Ufer getreten war. Schließlich kam Pepper überhaupt nicht mehr weiter. So weit das Auge reichte, war nur Matsch. Frustriert ließ sie sich auf einen umgekippten Baumstamm plumpsen.

„Was machen wir denn jetzt, Lori?", fragte sie ihr Äffchen.

Aber Lori blieb ihr eine Antwort schuldig und zupfte stattdessen an Peppers Haaren.

Inzwischen war das Mädchen sich sicher, die falsche Entscheidung getroffen zu haben. Irgendetwas musste bei dem Experiment schiefgelaufen sein und sie überlegte hin und her, was es gewesen sein konnte.

Plötzlich schoss ihr ein Gedanke durch den Kopf: Vielleicht hatte sie das Jod einfach nicht genug verdünnt und das Filterpapier hatte sich deshalb verfärbt? Und außerdem hatte sie die Zeichnung auch nicht genug trocken lassen. Wie elektrisiert stand sie auf und machte sich auf den Rückweg. Sie musste das Experiment noch einmal wiederholen!

←--- Geh zurück zu Seite 56 und wiederhole das Experiment!

GEFUNDEN!

Nein, das konnte nicht sein! Sie sollte den Wasserfall *durchqueren*? Das ging doch gar nicht!

„Ich glaube, Onkel Theo ist verrückt geworden!" Lori und Max schauten sie ratlos an. Man konnte das Wildwasser hier gar nicht überqueren, die Stromschnellen waren viel zu heftig und rissen alles mit sich.

Pepper stieg in das flache Wasser und merkte, wie der Strom an ihren Füßen zog. Schon hier im knöcheltiefen Wasser hatte sie Schwierigkeiten, auf den Beinen zu bleiben, sodass sie hin und her wackelte. Sie ließ ihren Blick auf die andere Seite schweifen, es war ja nicht so weit, etwa zweimal die Länge ihres Klassenzimmers. Aber für sie unüberwindbar, nie war sie mit ihrem Onkel weiter als bis hierher gegangen.

Onkel Theos strenge Stimmer hallte in Peppers Kopf. „Hier darfst du nie ins Wasser gehen, du würdest sofort von den Stromschnellen davongerissen werden und das Wasser ist tiefer als es aussieht. Etwas weiter oben gibt es eine Brücke, nur so kommt man auf die andere Seite!"

Und jetzt hinterließ ihr Onkel ihr diese Nachricht? Darauf konnte sie sich keinen Reim machen und leider wusste sie auch nicht, wie weit die Brücke entfernt lag.

„Hey, wisst ihr vielleicht, wie wir da rüberkommen?", fragte Pepper Max und Lori und zeigte auf die andere Seite.

Max legte seinen Kopf schief, krächzte und flog los. Am anderen Ufer ließ er sich zufrieden nieder.

„Na toll", schrie ihm Pepper hinterher, „ich kann aber nicht fliegen!"

Dann kam ihr ein verwegener Gedanke: Vielleicht hatte es einen Grund, warum Onkel Theo die Nachricht hinter dem Wasserfall versteckt hatte. Sie eilte zum Wasserfall zurück und versuchte, dahinter etwas zu erkennen. Die Nachricht hatte auf dem schmalen Felssims gelegen, der zwischen der Felswand und dem herabstürzenden Wasser verlief. Möglicherweise zog sich dieser ja bis zum anderen Ende durch? Vielleicht konnte sie dann *hinter* dem Wasserfall entlanglaufen? Vor Aufregung kribbelte ihr Bauch. Der Sims war schmal, schätzungsweise 50 cm breit. Und das Problem war, dass er von dem vielen Wasser glitschig und mit einem grünen rutschigen Algenbelag überzogen war. Sie musste sehr vorsichtig laufen und durfte auf keinen Fall abrutschen, sonst würde sie in die Stromschnellen fallen. Ihr Herz pochte.

Es half nichts, sie musste es wagen! Langsam und vorsichtig begann Pepper, auf dem schmalen Weg hinter dem

Wasserfall entlangzugehen, die rechte Schulter gegen die Felswand gepresst. Am Anfang stockte ihr fast der Atem, so aufregend war es, hinter dem tosenden Wasservorhang zu sein. Mit der rechten Hand tastete sie sich an der Felswand entlang, aber auch die war glitschig und bot keinen wirklichen Halt. Nach den ersten Schritten wurde sie zuversichtlicher und atmete tief durch, Lori hingegen war in Schockstarre verfallen und krallte sich um Peppers Hals. Schritt für Schritt ging es vorwärts, die Luft war voller Wassertröpfchen und Pepper schon völlig durchnässt. Als sie ungefähr die Hälfte geschafft hatte, versuchte sie, den Ausgang auszumachen. So wie es aussah, verlief der Sims bis zum Ende des Wasserfalls. In diesem Augenblick der Unachtsamkeit passierte es: Pepper rutschte mit dem linken Fuß ab, woraufhin sie auch mit dem rechten den Halt verlor und unsanft auf ihren Hintern knallte.

„Autsch!", schrie sie auf und lehnte sich schnell an die Felswand zurück, um nicht in den Wasserfall zu geraten, der sie sofort in die Stromschnellen gespült hätte. Bebend und schwer atmend blieb sie mit schmerzendem Hintern sitzen, wo sie war. Nur einen kleinen Moment hatte sie nicht aufgepasst und fasst wäre ein Unglück geschehen. Pepper schluckte. Das würde ihr nicht noch einmal passieren. Mühsam rappelte sie sich auf dem schmierigen Untergrund auf und ging mit zitternden Knien langsam weiter.

Diesmal konzentrierte sie sich auf jeden Schritt und erreichte ohne weitere Zwischenfälle das Ende des Wasserfalls. Erleichtert trat sie ins Licht hinaus. Lori war noch begeisterter als sie. Das kleine Äffchen sprang wie wild herum und schüttelte sein nasses Fell, sodass die Tropfen nur so um sie herumspritzten. In ihrer Begeisterung stürzte Lori sich auf den Tukan, der auf der anderen Seite gewartet hatte. Erschrocken flog Max auf und setzte sich in sicherer Entfernung auf einen Baum.

Auf dieser Seite des Wasserfalls kannte Pepper sich nicht aus, aber es dauerte nur einen kurzen Moment, bis sie eine gelbe Rolle, die gut sichtbar an einen Ast gebunden war, entdeckte.

„Diesmal hat sich Onkel Theo aber keine Mühe mit dem Verstecken gegeben", sagte sie zu ihren Gefährten.

Pepper löste die Schnur vom Wachstuch und hielt ein Blatt aus dem Forscherbuch ihres Onkels in den Händen.

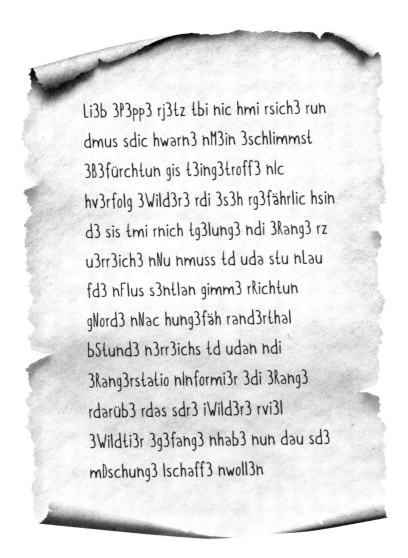

Li3b 3P3pp3 rj3tz tbi nic hmi rsich3 run
dmus sdic hwarn3 nM3in 3schlimmst
3B3fürchtun gis t3ing3troff3 nlc
hv3rfolg 3Wild3r3 rdi 3s3h rg3fährlic hsin
d3 sis tmi rnich tg3lung3 ndi 3Rang3 rz
u3rr3ich3 nNu nmuss td uda stu nLau
fd3 nFlus s3ntlan gimm3 rRichtun
gNord3 nNac hung3fäh rand3rthal
bStund3 n3rr3ichs td udan ndi
3Rang3rstatio nInformi3r 3di 3Rang3
rdarüb3 rdas sdr3 iWild3r3 rvi3l
3Wildti3r 3g3fang3 nhab3 nun dau sd3
mDschung3 lschaff3 nwoll3n

Dieselbe Geheimschrift wie in der allerersten Nachricht von Onkel Theo! Sie kramte einen Stift aus ihrem Rucksack und zeichnete die richtigen Wortgrenzen ein. Voller Entsetzen las sie, was dort stand.

„Oh nein!“, rief sie aus. „Es sind tatsächlich Wilderer unterwegs, die bereits Tiere gefangen haben.“

Peppers Herz fing wie wild an zu schlagen. Ihr schlimmster Verdacht war Wirklichkeit geworden!

„Onkel Theo möchte, dass ich zur Rangerstation laufe. Ihm ist es nicht gelungen, die Ranger zu informieren.“ Pepper nagte an ihrer Unterlippe, der Gedanke, nicht weiter nach Onkel Theo zu suchen, behagte ihr gar nicht.

Was sollte sie nur tun?

Lori sprang auf ihre Schulter und legte tröstend beide Ärmchen um ihren Hals. Pepper streichelte über ihr seidiges Fell und überlegte fieberhaft. Sie wollte ihren Onkel nicht im Stich lassen. Raoni war außerdem schon auf dem Weg, um seine Eltern zu informieren. Bestimmt hatten sie schon die Ranger verständigt. Dann brachte es nichts, wenn sie auch dorthin lief. Pepper ballte eine Hand zur Faust. Sie wusste, dass sie sich auf Raoni verlassen konnte. Ihre Entscheidung stand fest.

„Ich muss zu Onkel Theo!“, rief sie lauter als beabsichtigt. Lori zuckte erschrocken zusammen.

Pepper war nicht wohl dabei, die Anweisungen ihres Onkels nicht zu befolgen. Trotzdem hoffte sie, das Richtige zu tun.

Sie wählte den einzigen Weg vom Ufer weg. Der andere Weg führte zur Rangerstation, den hatten die Wilderer sicher nicht genommen. Eine merkwürdige Unruhe erfasste

Pepper, die sie sich nicht erklären konnte. Vielleicht war es die unbekannte Gegend? Auch ihre Tiere waren jetzt recht still und schauten sich nach allen Seiten um. Langsam setzte Pepper sich in Bewegung und hielt sich diesmal instinktiv ganz am Rand des Weges. Ansonsten sah dieser Pfad eigentlich genauso aus, wie auf der anderen Seite des Stroms. Aber irgendwo hier würde sie ihren Onkel finden, das spürte Pepper.

Nachdem sie eine halbe Stunde gelaufen war, teilte sich der Weg. Ratlos schaute Pepper auf die beiden Abzweigungen und fragte sich, welche in die Richtung der befahrbaren Straße führte. Sie wusste es einfach nicht. Welche sollte sie nehmen? Ihre Tiere wurden zunehmend aufgeregter. Max hatte seinen Platz auf ihrer Schulter verlassen, war auf einen Baum gehüpft und saß jetzt so hoch oben, dass sie ihn kaum noch sehen konnte. Die kleine Lori fing an zu zittern, folgte dann Max auf den Baum, richtete sich auf beide Beine hoch auf und blickte auf einen bestimmten Punkt in der Ferne. Verblüfft schaute Pepper die beiden an und hörte auf einmal Geräusche, die sie zuvor nicht wahrgenommen hatte. Lori wurde immer aufgeregter, setzte sich plötzlich mit einem lauten Schrei in Bewegung und hangelte sich von Ast zu Ast. Sie war schon im Dschungel verschwunden, als auch Max abhob und ihr folgte.

„Kommt zurück!“ Pepper flüsterte verzweifelt, weil sie sich nicht traute zu schreien. Beklommen schaute sie ihnen nach, als die komischen Geräusche, schrille Laute, erneut an ihr Ohr drangen. Wenigstens musste sie sich jetzt nicht mehr entscheiden, welchen Weg sie gehen sollte.

Sie folgte den beiden so nah wie möglich am Wegesrand, um etwas in Deckung zu bleiben. Die Geräusche waren lauter und deutlicher zu hören, je länger Pepper den Weg entlangging. Sie erkannte nun die Geräusche. Das waren Schreie von Affen, die in Gefahr waren! Wahrscheinlich war Lori deshalb so aufgeregt gewesen!

Pepper duckte sich und schlich weiter, das Gefühl von drohender Gefahr im Nacken. Der Wald schien weiter vorn etwas weniger dicht zu sein, dort musste eine Lichtung liegen. Es war bestimmt besser, in Deckung zu gehen, sie wusste ja nicht, was sie dort erwartete. Pepper kroch langsam durch das Unterholz auf die Lichtung zu. Ihren Rucksack hatte sie im Gebüsch versteckt. Sollte etwas passieren, konnte sie so schneller flüchten. Sie sah sich nach Lori um, konnte das Äffchen aber nirgends entdecken. Dafür wurden die Schreie der Affen immer lauter, je näher sie der Lichtung kam. Etwas erkennen konnte sie aus ihrer gebückten Haltung heraus allerdings nicht, das war ungünstig. Sie brauchte eine gute Sicht, aus sicherer Distanz. Vorsichtig sah sie sich um und entdeckte in einiger Entfernung einen Kletterbaum, der ihr einen guten Blick auf die Lichtung ermöglichte. Behände kletterte sie so leise wie möglich von Ast zu Ast, bis sie eine gute Höhe erreicht hatte.

Glücklicherweise hatten viele Bäume im Urwald einen riesigen Umfang, sodass Pepper sich leicht hinter dem Stamm verstecken konnte. Mit einer Hand beschattete sie die Augen und versuchte, sich einen Überblick zu verschaffen.

Sie sah einen entwurzelten Baumriesen quer auf der Lichtung liegen. Wahnsinn, war der gewaltig, staunte Pepper, was hatte den bloß zum Umkippen gebracht? Hinter dem umgestürzten Baum konnte sie einen relativ breiten Weg erkennen, der von der Lichtung wegführte. Auf einem Platz davor stand ein großer Jeep mit Anhänger und um diesen herum standen drei Männer. Pepper stockte der Atem. Das mussten die Wilderer sein! Ob Onkel Theo auch bei ihnen war? Sie kniff die Augen zusammen, denn auf diese Entfernung konnte sie nicht so gut sehen. Aber ihren Onkel hätte sie immer erkannt, er war nicht dabei. Rechts neben dem Jeep stand etwas, das nach einem Zelt aussah. Daneben lagen unordentlich verteilt mehrere Würfel, manche waren auch übereinandergestapelt. Plötzlich fiel es ihr wie Schuppen von den Augen: Das waren Käfige und den Schreien nach zu urteilen, waren dort Affen eingesperrt! Vor Schreck rutschte ihr das Herz in die Hose, bestimmt sollten die Käfige mit dem Jeep weggebracht werden. Oh weh, das musste sie auf jeden Fall verhindern! Aber wo war Onkel Theo? Bestimmt hatte er die Wilderer bis hierher verfolgt. Ihm war doch hoffentlich nichts zugestoßen? Sie suchte die

Lichtung ab, doch so sehr sie sich auch bemühte, sie konnte Onkel Theo nirgends erblicken. Aber dafür fiel ihr ein kleines Gebäude auf, das sich vor dem umgestürzten Baum befand.. Es war gar nicht weit weg von ihr. Es hatte keine Fenster und sah wie ein Lagerraum aus. Vor dem Gebäude stand ein Strauch. Und in dem Strauch sah sie etwas Gelbes im Wind flattern. Das war eines von Onkel Theos Wachstüchern. Kein Zweifel! Er musste hier sein. Sie musste unbedingt näher an die Hütte heran. Schnell hangelte Pepper sich vom Baum herunter und schlich bis an den Rand der Lichtung. Die drei Männer befanden sich hinter dem umgestürzten Baum und konnten sie nicht sehen. Trotzdem hatte Pepper ein sehr mulmiges Gefühl im Magen, als sie gebückt bis zu dem Strauch lief. Schnell pflückte sie das gelbe Wachstuch daraus. Suchend schaute sie sich um, möglicherweise war hier irgendwo eine Nachricht versteckt. Auf die Schnelle war allerdings nichts zu finden und Pepper traute sich nicht, in einem größeren Umkreis zu suchen, weil sie Angst hatte, von den Männern entdeckt zu werden. Vielleicht lag ja in der Hütte ein neues Päckchen? Pepper schlich zur Tür des Bretterverschlags und entdeckte ein großes Zahlenschloss. Der Eingang war fest verschlossen. Verdutzt schaute sie sich das Schloss näher an, so etwas hatte sie ja noch nie gesehen! Frustriert rüttelte sie an der Tür, die sich natürlich nicht öffnen ließ, als sie plötzlich eine Stimme vernahm.

AUF KEINEN FALL!

Pepper schaute auf die Lösung, es gab sowohl gerade als auch ungerade Zahlen. Nachdenklich rieb sie sich die Nase. Dann war das Ergebnis ja eindeutig.

„Hey, Lori, auf geht's, wir müssen eine Holzhütte zum Übernachten suchen."

Pepper war erleichtert, dass sie heute Nacht in einer Hütte schlafen würden, dort war es sicherer als unter freiem Himmel. So langsam fühlte sie sich müde und erschöpft, außerdem hatte sie auch schon wieder Hunger. An eine alte Hütte erinnerte sie sich noch vage und auch daran, dass diese nicht sehr weit entfernt war. Pepper setzte ihren Weg über die Lichtung fort. Mit Onkel Theo war sie immer gerne hier gewesen. Sie ging an faszinierenden großen Bäumen vorbei und sah wunderschöne Farne am Dschungeleingang. Nachdem sie die Lichtung überquert hatten, führte ein kleiner Pfad direkt in den Urwald hinein. Max, der ihnen fliegend gefolgt war, setzte sich nun auf Peppers Schulter und ließ sich wie Lori tragen. Es wurde immer dunkler und die Sicht im dichten Urwald schlechter. Pepper war froh, als das kleine Holzhäuschen in Sicht kam. Allerdings rutschte ihr das Herz in die Hose, als sie vor der Eingangstür stand. Sie war mit Brettern vernagelt! Aufgeregt lief sie um die kleine Hütte herum und suchte nach einer Stelle, um ins Innere zu gelangen. Doch es gab keinen anderen Eingang. Die Hütte war offensichtlich schon sehr alt und wirkte bei genauerer Betrachtung verfallen. Überall hingen lose Bretter herum und auf dem Dach war ein großer Ast gelandet und hatte ein Loch hineingeschlagen.

Ob Onkel Theo den Zustand der Hütte kannte, wusste Pepper nicht. Vielleicht war der Ast ja erst gestern auf dem Dach gelandet. Doch es war klar, dass sie hier auf gar keinen Fall übernachten konnten.

Pepper stellte den Rucksack ab und holte noch einmal den letzten Brief hervor. Vielleicht hatte sie auch das Rätsel falsch gelöst. Pepper schaute sich noch einmal die Bilderfolgen an, dann lachte sie erleichtert auf.

„Kommt, Leute, wir müssen zurück zur Lichtung, ich hab Mist gebaut!"

←--- Geh zurück zu Seite 87 und überprüfe noch einmal dein Ergebnis!

DAS IST DER
FALSCHE WEG!
ENTSCHEIDE DICH
NEU AUF SEITE 149

DER KOLIBRI

Pepper kniete sich auf den Boden und überflog die Anleitung. Dann machte sie sich eifrig daran, die Lebensmittelfarbe mit dem Wasser zu vermengen. Sie mischte die Zitronensäure unter die rote Lebensmittelfarbe und maß anschließend einen Teelöffel Natron ab. Gerade als sie das Natron ins Glas geben wollte, schwirrte plötzlich etwas bunt Schillerndes dicht an ihr vorbei. Verdutzt sah Pepper auf. Das kleine bunte Wesen schwirrte nur ein Stückchen entfernt vor einer großen roten Blüte.

„Schau mal, Lori, ein Kolibri!“, rief sie entzückt und beugte sich noch ein bisschen näher heran. Der winzige Vogel sah wunderschön aus. Sein Gefieder schimmerte und glänzte in der Sonne in verschiedenen Grün- und Gelbtönen. Es sah aus, als hätte er kleine Schuppen aus Metall. Den Schnabel hatte der Kolibri tief in eine Blüte getaucht, um den Nektar herauszusaugen. Lori hatte sich unbemerkt immer näher geschlichen. Als sie dicht genug dran war, sprang das Äffchen in die Luft und versuchte, den Kolibri zu fangen. Dieser bemerkte die Gefahr im letzten Moment, drehte heftig flatternd ab und suchte das Weite. Ein Teil des weißen Natronpulvers auf dem Löffel wirbelte durch seinen Flügelschlag auf und verteilte sich in der Luft. Pepper hatte sich bei dem plötzlichen Angriff mächtig erschreckt und schimpfte mit Lori. Sie bemerkte gar nicht, dass ein Teil des Pulvers jetzt auf dem Boden lag. Schließlich besann sie sich wieder auf ihr Experiment und schüttete den Rest des Natrons ins Glas. Aufmerksam wendete Pepper das Glas hin und her, es hatte nur ein ganz kleines bisschen geschäumt.

„Ich sehe eigentlich nur rotes Wasser", sagte sie zu Lori. „Dann werden wir mal zur Brücke laufen."

Pepper schulterte ihren Rucksack und lief los. Doch schon bald runzelte sie die Stirn und überlegte angestrengt. Zitronensäure, Wasser und Natron, da hätte doch mehr passieren müssen, oder? Pepper war so abgelenkt, dass sie nicht auf den Boden achtete und über eine große Wurzel stolperte. Ehe sie sich versah, war sie samt Rucksack und Lori hingefallen. Lori zeterte erschrocken los und in diesem Moment traf Pepper eine Entscheidung.

„Lori, ich muss das Experiment noch einmal wiederholen. Vielleicht habe ich etwas von dem Natron verschüttet, als ich nach dem Kolibri geschaut habe. Eigentlich hätte es eine viel stärkere Reaktion geben müssen."

←--- Geh zurück zu Seite 35 und wiederhole das Experiment!

DAS IST DER
FALSCHE WEG!
ENTSCHEIDE DICH
NEU AUF SEITE 56

DIE ZEIT WIRD KNAPP!

Was sollten diese Buchstaben bedeuten? Die Nachricht machte überhaupt keinen Sinn. Sie sah sich die Anleitung genauer an und stellte schnell fest, dass man damit einen Kompass bauen konnte. Das war ja kein Problem, aber dann?

„Lori, hast du eine Ahnung, was das bedeuten soll?“, fragte sie das Äffchen.

Lori legte ihr kleines Köpfchen schief und sah sie aufmerksam an.

„Ach, ich befürchte, du bist mir auch keine große Hilfe, schließlich kannst du gar nicht lesen.“ Lächelnd fuhr ihr Pepper über den Kopf. Ratlos schaute sie wieder auf die Nachricht. Buchstaben und Zahlen. Hm … Jetzt hatte sie es! Onkel Theo und sie hatten sich oft Geheimschriften ausgedacht und dann Briefe verfasst, die nur sie beide lesen konnten. Natürlich, so etwas musste es sein! Elektrisiert sprang Pepper auf und ging in ihrem Zimmer auf und ab, um besser nachdenken zu können. Was hatten sie damals alles für Geheimschriften entwickelt? Einmal hatten sie jedes „a“ und jedes „e“ miteinander vertauscht. Sie schaute wieder auf den Zettel. Nein, es ergab immer noch keinen Sinn. Dann hatten sie für einige Buchstaben Zahlen verwendet, auch bei dieser Nachricht stand ganz oft eine „3“. Für welchen Buchstaben konnte diese stehen? Pepper kniff die Augen zusammen und schaute auf den Zettel. „Aha, jetzt weiß ich es“, sagte sie zu Lori. „Die „3“ muss für ein „e“ stehen, das erkenne ich an meinem Namen.“ Aber die Nachricht ergab trotzdem noch keinen Sinn, Onkel Theo hatte eine doppelte Verschlüsselung verwendet. Beeil dich, Pepper, mahnte sie sich selbst, denk nach!

Von Weitem sah sie, wie Tante Frieda beim letzten Gehege der Farm angekommen war. Wenn sie das fertig hatte, würde sie wieder zum Baumhaus zurückkehren. Die Zeit wurde knapp! Niemals würde ihre Tante sie losziehen lassen, um ihren Onkel zu suchen. Peppers Kopf rauchte schon fast, als ihr endlich die zündende Idee kam. Der Code der Geheimschrift musste auch mit den Wortgrenzen zusammenhängen, ganz sicher! Wieder schaute sie auf die Nachricht und schlug sich dann gegen die Stirn.

„Na klar, Lori“, erklärte Pepper dem Äffchen. „Die Wortgrenzen sind verschoben. Der letzte Buchstabe jedes Wortes ist an das darauffolgende Wort angehängt. Jetzt ergibt alles einen Sinn!“

⇠--- Geh zurück zu Seite 20 bestimmt kannst du die Geheimschrift jetzt entziffern!

GEMEINSAM SCHAFFEN WIR DAS!

Die Sonne brannte unbarmherzig auf Pepper nieder, die das große Schloss in den Händen hielt. Die Hitze beeinträchtigte ihr Denkvermögen. Außerdem waren ihre Hände ganz schweißig und das Drehen der Zahlen am Schloss fiel ihr schwer, immer wieder rutschte sie ab. Und das Blöde war, dass sie das magische Quadrat einfach nicht lösen konnte. So sehr sie sich auch anstrengte, es wollte einfach nicht gelingen!

„So ein Mist!“, fluchte sie und merkte, wie so langsam Wut in ihr aufstieg.

„Was ist los?“, hörte Pepper die Stimme ihres Onkels von drinnen rufen.

„Ich schaffe es einfach nicht, das Zahlenquadrat zu lösen“, sagte sie verzweifelt.

Immer wieder schaute sie in Richtung des umgefallenen Baumes aus Angst, die Wilderer könnten unvermittelt auftauchen.

„Bleib ganz ruhig, Pepper“, sagte ihr Onkel. Seine Stimme klang etwas dumpf aus dem Gebäude heraus, war aber trotzdem sehr tröstlich. „Ich werde dir helfen, gemeinsam schaffen wir das schon. In der Mitte müsste eine fünf stehen."

„Genau!", rief Pepper. „Außerdem stehen noch zwei weitere Zahlen fest, unten links eine sechs und oben rechts eine vier."

„Na, das ist doch schon mal ein Anfang. Weißt du was? Am besten ritzt du dir das Quadrat mit einem Stöckchen in die Erde. Dann kannst du die Zahlen besser ausprobieren und musst nicht immer die Zahlenrädchen drehen."

„Gute Idee." Pepper kniete sich hin und malte sich das Quadrat auf. Sie schrieb einige Zahlen in die Erde und wischte sie wieder weg, wenn sie nicht richtig waren.
„Versuch mal, oben in der Mitte eine drei einzusetzen", ertönte die dumpfe Stimme von Onkel Theo.

„Ja!", rief Pepper. „Und in der unteren Reihe muss in die Mitte eine sieben."

Hoch konzentriert starrte sie auf das Zahlenquadrat und leckte sich mit der Zunge über ihre trockenen Lippen.

„Unten rechts muss eine zwei hin." Pepper wurde immer aufgeregter.

„Jetzt hab ich's", rief sie schließlich triumphierend.

← - - - Geh zurück zu Seite 34 und versuch noch einmal, das Zahlenquadrat zu lösen!

Königin der Seerosen

Pepper brauchte nicht lange für das Experiment, nur ein bisschen Geduld beim Auflösen des Salzes. Und anscheinend auch, um Onkel Theo zu finden. Was ging da nur vor sich? War es am Ende ein Spiel, damit sie sich in den Ferien nicht langweilte, so eine Art „Dschungel-Schnitzeljagd“? Pepper wurde einfach nicht schlau daraus und jetzt sollte sie irgendwie ans andere Ufer gelangen. Mit ihrem Onkel zusammen hatte sie tatsächlich schon einmal den Flussarm schwimmend durchquert. Sie war zwar eine gute Schwimmerin und es war nicht so weit bis ans andere Ufer. Aber allein, noch dazu mit Rucksack und Lori im Schlepptau, traute sie sich das nicht zu. Außerdem war ihr Äffchen furchtbar wasserscheu und ging nicht freiwillig ins Wasser.

„Was machen wir denn jetzt, Lori? Wir müssen dort rüber.“ Pepper zeigte ans andere Ufer. Lori saß auf dem Boden vor ihr und schaute fragend zu ihr hoch. Pepper mochte diese Stelle am Fluss. Der Urwald endete ein Stück vor dem Flussufer, sodass viel Licht einfiel und die Wasseroberfläche wie mit Diamanten besetzt funkelte, wenn die Sonne darauf schien. Der kleine Strand war mit Steinen durchsetzt. Was könnte sie als Boot benutzen, um mit Lori über den Fluss zu kommen? Sie hätte sich aus Lianen und abgestorbenen Ästen ein Floß bauen können, aber dafür fehlte ihr die Zeit. Vielleicht sollte sie einen dicken Ast nutzen und mit den Armen rüberpaddeln? Wäre eine Möglichkeit, aber wer weiß, ob Lori und der Rucksack darauf Halt finden würden. Unschlüssig stand sie am Ufer und kratzte sich nachdenklich am Kopf. Pepper ließ ihren Blick über den Fluss gleiten. Wasser, Seerosen und noch mehr Wasser. Und dann, plötzlich, kam ihr eine Idee!

„*Victoria amazonica!*", rief sie triumphierend. Die Amazonas-Riesenseerose könnte die Lösung sein. Sie war nach der englischen Königin Victoria benannt und hatte große, ach was, gigantische runde Blätter, deren Kanten nach oben gebogen waren. Wie riesige umgedrehte Deckel lagen sie auf der Wasseroberfläche und konnten einen Durchmesser von bis zu drei Metern haben, das war größer als eine aufgeklappte Tafel in der Schule. Ein solches Seerosenblatt konnte Pepper, Lori und den Rucksack problemlos tragen, da war sie sich sicher.*

Die Frage war nur, wie sie dieses Blatt über den Fluss manövrieren sollte? Ein Paddel hatte sie nicht dabei. Aber vielleicht konnte sie sich mit einem langen Stock, der bis

---

* Wenn du wissen willst warum, kannst du das in Peppers Forscherbuch im Anhang ab Seite 172 nachlesen!

auf den Grund reichte, vorwärts schieben. Der Flussarm war gar nicht so tief, das könnte funktionieren. Suchend sah sie sich nach einem passenden Gegenstand um und ging dann zum Rand des Dschungels zurück. Nach kurzer Zeit hatte sie einen langen, geeigneten Stock gefunden, den sie mit zu dem großen Seerosenfeld am Fluss nahm. Dann überlegte sie, welches Blatt sie nehmen sollte. Es durfte nicht zu groß sein, weil es dadurch schwerer zu manövrieren war, aber groß genug, um sie, Lori und den Rucksack zu tragen. Am besten, sie probierte es einfach! Pepper zog ihre Hose aus, watete ins Wasser und ließ eine schimpfende Lori am Ufer zurück. Der Boden des Flusses war ziemlich schlammig und sie musste beim Laufen aufpassen, dass sie nicht ausrutschte. Das Wasser reichte ihr bis zum Oberkörper. Als sie an einem geeigneten Seerosenblatt ankam, versuchte sie, sich daraufzuziehen. Plötzlich verspürte sie einen brennenden Schmerz. Etwas hatte sie gekratzt! Einige frische rote Striemen wurden an ihren Beinen sichtbar. Was konnte das gewesen sein? Sie untersuchte das Blatt genauer und entdeckte viele große Stacheln an Rand und Unterseite. Okay, da musste sie also vorsichtiger sein. Mit einem kleinen Sprung schaffte sie es schließlich auf die Oberfläche des Blattes. Pepper setzte sich vorsichtig auf. Die Oberfläche fühlte sich toll an, sie war nicht glatt, sondern wie geriffelt und von Adern durchzogen. Das Wasser, das durch ihren Hechtsprung auf das Blatt gekommen war, lief durch kleine

Poren und einen Einschnitt im Seitenrand schnell ab. Das runde Blatt trug sie, war aber ein ganzes Stück tiefer ins Wasser gesunken. Oh, das war lustig! Aber sie würde doch ein größeres brauchen. Schließlich hatte Pepper sich ein passendes ausgesucht, jetzt musste sie es nur noch von der Pflanze abtrennen. Die Blätter wuchsen alle aus der Mitte der Pflanze an langen Blattstielen, die voller Stacheln waren. Den Blattstiel musste sie durchschneiden, um das Blatt zu lösen, und gleichzeitig darauf achten, dass sie sich nicht die Hände an den Stacheln verletzte. Pepper holte ihr Messer und das Ersatzshirt aus dem Rucksack und watete wieder vorsichtig zur Riesenseerose. Als sie den richtigen Blattstiel entdeckt hatte, wickelte sie ihr Shirt darum, damit sie ihn festhalten konnte, und durchtrennte den Stiel mit ihrem Messer. Sie zog das Blatt zum Ufer und legte ihren Rucksack darauf.

„So, Lori, du musst jetzt ganz, ganz tapfer sein, wir müssen über den Fluss."

Das kleine Äffchen, das bis jetzt interessiert zugeschaut hatte, sah sie aus großen Augen an und rührte sich nicht vom Fleck. Pepper nahm Lori hoch und hob sie auf das Blatt. Sofort fing der kleine Affe an zu kreischen.

„Alles gut, Lori, dir passiert schon nichts, ich passe auf dich auf", versuchte Pepper, sie zu beruhigen und streichelte besänftigend ihr Köpfchen. Lori hörte auf zu kreischen, saß aber sichtlich verängstigt in der Blattmitte. Pepper

nahm den langen Stock, stieg vorsichtig auf das Blatt und setzte sich neben Lori. Sie ruckelte ein bisschen vor und zurück. Perfekt! Sie hatte genau die richtige Größe erwischt. Ihr neues Boot schwankte hin und her, als Pepper es vom Ufer abstieß. Sie versuchte, in gerader Linie ans andere Ufer zu staken, stellte aber schnell fest, dass das schwerer war als gedacht! Sie hatten sich mit dem ersten Schwung einige Meter vom Ufer entfernt, aber statt geradeaus zu fahren, drehte das blöde Blatt sich nur im Kreis. Pepper fluchte. Immer wenn sie das Boot vorwärts schieben wollte, drehte es sich um die eigene Achse. Lori hingegen schien das ziemlich lustig zu finden, sie hatte ihre anfängliche Angst überwunden und kreischte nun vor Vergnügen. Pepper hielt inne und überlegte eine Weile. Vielleicht musste sie es anders anstellen. Erfahrung hatte sie nur im Paddeln, Staken, was sie hier tat, war etwas ganz anderes. Sie versuchte es noch einmal, langsamer, aber dafür mit mehr Kraft. Das Blatt schob sich vorwärts, driftete dann aber seitlich ab. Wenn sie den Stock immer abwechselnd rechts und links ins Wasser tauchte, müsste es eigentlich funktionieren. Und tatsächlich, langsam aber sicher bewegten sie sich auf dem Wasser vorwärts. Ein tolles Gefühl, so über das Wasser zu gleiten. Der Fluss lag ruhig da, ab und zu konnte man Fische unter der Oberfläche schwimmen sehen. Nach kurzer Zeit hatten sie die Hälfte schon geschafft, hier war der Fluss am tiefsten. Das Staken war ganz schön anstrengend! Pepper lief der Schweiß bald in Strömen herunter. Es war heiß und stickig und sie war froh, dass die Sonne inzwischen von einigen Wolken verdeckt wurde. Dies bedeutete allerdings auch, dass es bald regnen würde, aber das war nun einmal so im Regenwald. Sie gönnte sich einen Moment Pause, wischte sich den Schweiß von der Stirn und trank mit einem Zug die ganze Wasserflasche leer. Auf der anderen Seite musste sie auf jeden Fall klares Wasser suchen und die Flasche wieder auffüllen. Auf einmal hüpfte Lori mit einem Kreischen auf ihren Schoss und das ganze Seerosenblatt wackelte. Das Äffchen hatte eine grüne Wasserschlange entdeckt, die schlängelnd und fast majestätisch über die Wasseroberfläche glitt. Lori hasste Schlangen! Sogar noch mehr als Wasser.

„Alles gut, Lori, die will nichts von uns, schau, sie ist schon vorbei.“ Beruhigend streichelte sie das kleine Äffchen. Pepper schaute der Schlange nach und war für einen Augenblick abgelenkt. Zu spät bemerkte sie, dass das Blatt wie wild und verrückt zu schaukeln anfing. Der Rucksack rutschte zu einer Seite und sie sah, wie ein großer Körper unter dem Blatt durchschwamm. Vor Schreck setzte ihr Herz einen Moment aus. Bevor sie sich darüber Gedanken machen konnte, was da unter ihr schwamm, gab es einen mächtigen Ruck und das Blatt machte einen Satz. Das Tier unter ihnen hatte sich bestimmt kurzfristig in dem langen Stiel verhakt. Und dann sah sie wie in Zeitlupe Lori durch die Luft fliegen und mit einem Klatschen im Wasser landen.

„Lori!“ Pepper schrie entsetzt auf.

Sie legte sich flach auf das Blatt und versuchte, das Äffchen zu packen, das panisch im Wasser paddelte und immer wieder unterging. Sie sah, wie der dunkle Schatten im Wasser wendete und zurückkam. Panik breitete sich in ihr aus: Oh nein, bestimmt wollte dieses Etwas Lori fressen! Immer verzweifelter angelte Pepper nach dem Seidenäffchen und wäre beinahe selbst ins Wasser gefallen. Und dann, plötzlich, schnellte der Schatten aus dem Wasser, vollzog einen Sprung in die Luft und tauchte wieder ein.

„Felix!", rief Pepper und Erleichterung durchflutete sie.

Felix war der Amazonas-Flussdelfin, den ihre Tante eines Tages krank und entkräftet gefunden hatte. Tante Frieda hatte das große Säugetier im Wasser medizinisch versorgt und gefüttert, bis es wieder bei Kräften war. Seitdem mochte Felix die Menschen, und ab und an traf Pepper ihn am Fluss. Sie konnte dann richtig mit dem Delfin im Wasser spielen und ihn mit Fischen füttern. Jetzt streckte er seinen großen rosa Kopf mit der langen, schmalen Schnauze aus dem Wasser und sah aus, als würde er sie fröhlich anlachen.

„Oh, Felix! Lori ist ins Wasser gefallen, du musst ihr helfen!" Mit den Händen drückte sie den Delfin sanft in Loris Richtung. Das Äffchen strampelte noch immer hilflos. Der Delfin schien verstanden zu haben, er tauchte ins Wasser und kam unter Lori wieder zum Vorschein. Das Äffchen saß nun auf seinem Rücken und krallte sich zitternd fest. Als Felix beim Seerosenblatt angekommen war, konnte Pepper sie nehmen und zurück auf das Blatt setzen.

„Danke, Felix!" Überglücklich streichelte sie seinen Kopf. Lori saß wie ein nasses Häufchen Elend auf dem Blatt und schaute Pepper vorwurfsvoll an. Das Mädchen holte einen Keks aus dem Rucksack, den Lori ihr sofort aus der Hand riss und

zufrieden daran herumknabberte. So schlimm konnte es also nicht sein.

Pepper griff wieder nach dem Stock und die Fahrt ans andere Ufer ging weiter. Der Flussdelfin begleitete sie noch ein Stück, was für Pepper sehr beruhigend war – auf Felix konnte sie sich verlassen. In Ufernähe wurde der Fluss immer flacher, sodass der Delfin schließlich abdrehte. „Tschau, Felix!", rief Pepper ihm nach.

Als das Wasser flach genug war, sprang sie vom Blatt und zog es die letzten Meter bis zum Ufer. Sie fühlte sich total erschöpft und die Striemen an ihren Beinen brannten. Lori machte einen Riesensatz ans Ufer, froh, endlich dem Wasser entkommen zu sein. Sie flitzte los und rettete sich schnatternd auf den nächsten Baum.

Pepper hob den Rucksack heraus und schaute sich um. Auf dem Boden waren Schleifspuren. Sie verfolgte die tiefen Rillen im Boden bis zum Rand des Dschungels. Dort stand ein Boot, verdeckt von abgestorbenen Zweigen und Blättern. Dazwischen schimmerte etwas Gelbes. Tatsächlich, dort lag ein Päckchen von Onkel Theo! Schnell wickelte sie es aus. Neben einer weiteren Nachricht aus seinem Forscherbuch enthielt es noch ein kleines Tütchen mit Mehl, Wattestäbchen, Kaffeefiltertüten und zwei Schälchen. Verwundert schaute sie auf den Inhalt des Päckchens: Woher hatte Onkel Theo bloß all diese Sachen? Es war Pepper ein Rätsel!

Liebe Pepper,

ich hoffe, du bist heil ans andere Ufer gelangt. Ich konnte nicht auf dich warten, denn ich darf meine Spur nicht aus den Augen verlieren, das ist sehr wichtig!
Je länger ich sie verfolge, desto sicherer bin ich mir, dass ich die Zeichen richtig deute. Noch hoffe ich aber, dass sich doch alles zum Guten wendet. Folge unbedingt weiter meinen Nachrichten, Pepper!
Ich habe dir wieder ein Experiment hinterlegt, damit nur du weißt, wohin ich gegangen bin.

Du brauchst:

- 1 Esslöffel Mehl
- 50 ml Wasser
- 2 kleine Schalen
- Jodlösung mit Tropfpipette (ist in deinem Notfallpack)
- 1 Esslöffel Wasser
- weiße Kaffeefiltertüten
- 2 Wattestäbchen

So geht's:

1. Fülle ca. 50 ml Wasser in eine Schale.
2. Gib einen Esslöffel Mehl dazu und verrühre es gut mit dem Wasser.
3. Tauche ein Wattestäbchen in die Mehl-Wasser-Mischung und male dann Kringel, Punkte oder andere Zeichen auf den Kaffeefilter. Wenn die Mischung eine Weile gestanden hat, musst du sie wieder gut umrühren!
4. Lasse den Filter trocknen.
5. Fülle eine weitere Schale mit einem Esslöffel Wasser und gib 8 Tropfen von der Jodlösung dazu. Verrühre das Jod mit dem Wasser.
   Achtung! Jod färbt sehr stark. Pass auf, dass es nicht in Berührung mit deiner Haut oder deiner Kleidung kommt.
6. Tupfe mit dem zweiten Wattestäbchen die verdünnte Jodlösung auf die Stellen, an denen du vorher gemalt hast.

Was passiert?

- - - → Die Zeichen lassen sich mit Jod blau sichtbar machen. Gehe den Pfad vom Fluss bis zu unserer geheimen Lichtung weiter.
Lies auf Seite 76 weiter.

- - - → Die Zeichen sind nicht deutlich zu erkennen, das ganze Papier färbt sich braun oder blau. Nimm den rechten Weg am Flussufer entlang!
Lies auf Seite 21 weiter.

- - - → Die Zeichen werden erst sichtbar, verblassen aber schnell wieder. Nimm den linken Weg am Fluss entlang.
Lies auf Seite 40 weiter.

DAS WAGNIS!

Pepper hatte sehr mit sich gerungen und sich dann doch dafür entschieden, erst die Käfige zu öffnen. Auch wenn Onkel Theo das gar nicht gerne wollte. Aber was, wenn sie es nicht schnell genug zur Rangerstation schaffte und die Männer auf Nimmerwiedersehen mit den Tieren verschwanden? Das konnte sie einfach nicht zulassen. Onkel Theo würde das verstehen. Gebückt lief sie bis zum Rand der Lichtung und kroch dann auf allen vieren im Schutz der Bäume in Richtung der Käfige. Lori hatte sich auf ihrem Rücken festgekrallt und war ungewöhnlich still. Vielleicht spürte sie die Gefahr. Max saß entspannt auf ihrer Schulter und duckte sich lässig unter den Ästen weg, unter denen Pepper mit Mühe hindurchkroch. Pepper kam nur langsam voran. Sie musste sich durch das dichte Unterholz schlängeln. Zweige piksten ihr ins Gesicht und ihre Knie schmerzten von dem rauen Boden, aber sie traute sich nicht, ihre Deckung zu verlassen. Nach einer gefühlten Ewigkeit war sie auf der Höhe der Käfige angelangt. Bewegungslos verharrte sie und beobachtete die Männer, die mit dem Rücken zu ihr stehend immer noch an dem Jeep herumschraubten. Um an die gefangenen Tiere zu gelangen, musste sie noch ein ziemliches Stück quer über die Lichtung laufen. Auf dem Weg gab es keine Verstecke. Jetzt wurde es ernst.

„Wir müssen es wagen", flüsterte Pepper Lori zu.

So leise wie möglich und mit wild klopfendem Herz kroch Pepper über die Lichtung. Dabei behielt sie die Männer immer im Blick. Als sie endlich die Käfige erreicht hatte, ließ sich Lori von ihrem Rücken gleiten und sprang auf einen der Käfige. Sofort wurden die gefangenen Tiere unruhig und einige der Affen rüttelten an den Gitterstäben.

„Pscht, seid doch still!", flüsterte Pepper aufgeregt.

Zitternd öffnete sie den ersten Käfig. Ein Kapuzineräffchen stürmte laut kreischend ins Freie. Auch der zweite Affe kreischte durchdringend, als Pepper ihn freiließ. Inzwischen waren alle Tiere in heller Aufregung, sie schnatterten, schimpften und rüttelten an ihren Käfigen.

„Hey, Diego, was ist denn mit den Tieren los?", hörte Pepper eine dröhnende Stimme rufen.

„Keine Ahnung, lass uns lieber mal nachschauen", sagte eine zweite barsche Stimme.

Erschrocken sprang Pepper auf und sah mit Entsetzen zwei der Wilderer direkt auf sie zukommen.

Nichts wie weg hier. Sie drehte sich um und lief so schnell sie konnte in Richtung Urwald davon.

Aber die beiden Männer entdeckten sie sofort.

„Hey, Diego, da hinten rennt eine, die hol ich mir!"

Der Mann rannte los, während Diego nach den Käfigen schaute und vergeblich versuchte, die beiden freigelassenen Affen wieder einzufangen. Auch Max war aufgeflattert und zog seine Bahnen über dem Durcheinander.

Kurze Zeit später kam Carlos schnaufend zum Jeep zurück. „Keine Ahnung, wer das war", keuchte er. „Die war einfach zu flink für mich und ist im Dschungel verschwunden."

Pepper rannte und rannte, über die Lichtung rein in den Urwald, über heruntergefallene Äste, große Farnbüschel und blühende Pflanzen hinweg, bis sie nicht mehr konnte. Mit letzter Kraft kletterte sie auf einen Baum und hielt schwer atmend nach ihrem Verfolger Ausschau. Erleichtert stellte sie fest, dass ihr niemand mehr folgte. Mist! Hätte sie doch bloß auf ihren Onkel gehört und wäre gleich zur Rangerstation gelaufen!

Nachdem Peppers heftig klopfendes Herz sich beruhigt hatte und sie wieder bei Puste war, machte sie sich an den Abstieg vom Baum. Glücklicherweise war ihr Lori auf der Flucht gefolgt und saß jetzt wieder auf ihrer Schulter. Pepper musste irgendwie einen Weg finden, sich an den Wilderern vorbeizuschleichen. Und sie hatte auch schon eine Idee! Schnell und leise schlich sie zurück zur Lichtung mit dem Baumriesen.

---> Lies auf Seite 150 weiter!

DAS IST DER
FALSCHE WEG!
ENTSCHEIDE DICH
NEU AUF SEITE 87

VERFOLGUNG!

Pepper hatte nur ein bisschen nachrechnen müssen, dann war sie auf das richtige Ergebnis gekommen – sie musste also zum Wasserfall wandern. Der Wasserfall war immer einen Besuch wert, denn es war sehr eindrucksvoll, wie das Wasser in die Tiefe stürzte. Etwas bange wurde ihr bei der Warnung ihres Onkels, sie solle besonders wachsam sein. Ihr Onkel befürchtete Schlimmes. Die Nachrichten waren sehr rätselhaft! Aber so oder so musste sie die Spur ihres Onkels weiterverfolgen, es gab mittlerweile kein Zurück mehr und sie war sich sicher, dass er in Gefahr schwebte.

Bedrückt dachte sie an ihre Tante Frieda. Die Arme war inzwischen sicher außer sich vor Kummer und Sorge, erst ihr Mann und jetzt war auch noch ihre Nichte verschwunden. Ob ihre Tante etwas unternehmen würde? Vielleicht hatte sie ja die Parkranger informiert, dass zwei Menschen vermisst wurden, und irgendjemand suchte bereits nach ihnen. Diese Überlegung fand Pepper tröstlich.

Energisch schob sie die quälenden Gedanken beiseite, jetzt galt es den richtigen Weg zum Wasserfall zu finden. Pepper war auf 80 Zaubernüsse gekommen, also mussten es

80 Meter bis zum richtigen Abzweig sein. Sie wusste, welche Schrittlänge in etwa einem Meter entsprach, dafür musste sie Riesenschritte machen! Laut zählend lief Pepper los. Nach 50 Schritten kam sie an einer Kreuzung vorbei, die sie ignorierte, und nach fast genau 80 Schritten befand Pepper sich wieder an einem Abzweig.

„Hier wären wir, Lori! 80 ist eine gerade Zahl, also müssen wir den linken Weg nehmen."

Als sie den Pfad einschlug, bemerkte sie die vielen abgeknickten Pflanzen am Wegesrand. Und da waren auch schon wieder Schleifspuren. Das musste ein Zeichen sein, dass sie der richtigen Fährte folgte!

Der Pfad schlängelte sich durch den Dschungel, und während Pepper einen Fuß vor den anderen setzte, beschlich sie plötzlich das Gefühl, nicht allein zu sein. Was natürlich Blödsinn war, denn allein war sie ohnehin nicht, Lori saß ja wie immer auf ihrer Schulter. Aber irgendwie prickelte es in ihrem Nacken und sie meinte, Geräusche aus dem Dickicht neben ihr zu hören. Das war durchaus normal, denn überall im dichten Blattwerk huschten Tiere umher. Dennoch blieb sie stehen und drehte sich um, doch es war nichts zu sehen. Mit zusammengekniffenen Augen sah sie sich um, konnte aber nichts Ungewöhnliches entdecken und die merkwürdigen Geräusche waren verstummt. Wahrscheinlich wurde sie schon langsam ein bisschen verrückt. Pepper setzte sich wieder in Bewegung, doch kaum war sie losgelaufen, hörte sie dieses merkwürdige Geraschel neben sich erneut. Diesmal versuchte sie, die Geräusche zu ignorieren, und lief einfach weiter. Aber eine merkwürdige Angst hatte sie beschlichen, die sie nicht mehr loswurde.

Zack! Etwas Hartes traf ihren Hinterkopf. Pepper schrie auf und drehte sich in Erwartung eines Angreifers erschrocken um. Mit erhobenen Fäusten stand sie da und sah … Max! Der Tukan saß auf einem Ast, bewarf sie mit Beeren und hüpfte freudig auf und ab. Der hatte vielleicht Nerven!

„Mensch, Max, hast du mich erschreckt!" Sie ließ ihre Fäuste sinken. „Musst du mich zur Begrüßung immer mit Beeren bewerfen?"

Unbeeindruckt von ihren ärgerlichen Worten hüpfte der große Vogel auf ihre Schulter, legte den Kopf schräg und ließ sich von ihr kraulen. Sie setzten den Weg gemeinsam fort, bis Pepper nach einer kurzen Weile ein lautes Knacken neben sich hörte, so als wäre jemand auf einen trockenen Ast getreten. Auch der Tukan hatte es wohl gehört, denn er erhob sich von Peppers Schulter und flog einen kleinen Bogen in Richtung des Geräusches. Aber entweder hatte Max nichts gesehen oder es hatte ihn nicht sonderlich beeindruckt, denn schon bald landete er flügelschlagend wieder auf Peppers Schulter. Trotzdem war irgendetwas seltsam, auch wenn Pepper nicht wusste, was es war. Ob sie laut rufen sollte? Doch sie wusste ja nicht, ob sie verfolgt wurde. Dann war es natürlich keine so gute Idee, auf sich aufmerksam zu machen.

Ganz in ihre unbehaglichen Gedanken versunken, sah sie plötzlich etwas leuchtend Blaues auf einem Baumstamm aufblitzen. Interessiert kam sie näher und entdeckte einen wunderschönen knallblauen Frosch, der in Brusthöhe auf dem Baumstamm saß. Max verließ mit einem Kreischen ihre Schulter und auch Lori gab einen Alarmschrei von sich und flüchtete sich auf einen Baum ein Stück entfernt.

„Ihr Angsthasen!“ Pepper lachte und bückte sich etwas, um den Frosch genauer zu betrachten.

In diesem Moment krachte etwas sehr Schweres in ihre rechte Seite und Pepper stürzte zu Boden. Sie fühlte es mehr, als dass sie es sehen konnte, dass ein anderer Körper sie umgeschubst haben musste und mit ihr gefallen war.

„Hilfe!“, schrie Pepper aus Leibeskräften und schlug um sich, um wieder hochzukommen. Kräftige Hände versuchten, ihre Arme zu packen und festzuhalten. Pepper mobilisierte alle ihre verbliebenen Kräfte und kämpfte erbittert gegen den Angreifer. Sie hörte gedämpft, wie aus weiter Ferne, das Flügelrauschen von Max und das Gezeter von Lori, die sich auch in den Kampf gestürzt hatten. Pepper versuchte verzweifelt, wieder auf die Beine zu kommen, boxte und trat, bis sie schließlich eine vertraute Stimme wahrnahm.

„Verflixt, Pepper, hör endlich auf, ich tu dir doch nichts!“

Es dauerte einen Moment, bis die Bedeutung der Worte in ihr Bewusstsein drang. Sie verlangsamte ihre Bewegungen und hielt dann inne, um den Besitzer der Stimme etwas genauer in Augenschein zu nehmen. Ungläubig schaute sie auf den Jungen, der keuchend neben ihr lag. Die beiden setzten sich gleichzeitig auf.

„Raoni, was machst du hier? Du hast mich zu Tode erschreckt!“ Peppers Stimme zitterte.

„Ach, tatsächlich? Ich habe dir gerade das Leben gerettet“, sagte Raoni etwas gekränkt. „Ich hatte Angst, dass du gleich den Pfeilgiftfrosch* berührst, der ist wirklich sehr giftig. Deshalb habe ich dich angerempelt, ich wusste nicht, ob mir die Zeit für lange Erklärungen bleibt.“

„Natürlich wusste ich, dass das ein Pfeilgiftfrosch ist, und ich hätte ihn niemals angefasst, hältst du mich für blöd?“, fragte Pepper entrüstet. Pfeilgiftfrösche hatten sie schon immer fasziniert mit ihren grell leuchtenden Farben, die ihre Feinde abschreckten.

„Na, offensichtlich blöd genug, um einen Freund nicht mehr zu erkennen. Warum bist du denn eigentlich hier? Und so nervös?“

Raonis Worte holten Pepper in die Gegenwart zurück.

---

* Wenn du mehr darüber wissen willst, kannst du in Peppers Forscherbuch im Anhang ab Seite 172 nachlesen!

„Ach, und warum läufst du schon seit einer ganzen Weile heimlich hinter mir her und jagst mir damit Angst ein?", fragte sie und bemerkte dabei die Kratzer, die er sich bei dem Kampf zugezogen hatte. Bei Pepper meldeten sich Gewissensbisse. Der Schreck und die Angst verebbten langsam und machten der Freude darüber Platz, in ihrer verzwickten Situation nicht mehr allein zu sein.

Raoni hingegen sah jetzt auch ein bisschen schuldbewusst aus. „Tut mir leid, wenn ich dir Angst gemacht habe", lenkte er ein.

„Mir tut es auch leid, ich wollte dich nicht verletzen. Ich war einfach nur in Panik und habe dich nicht gleich erkannt."

Pepper rutschte ein Stück näher an den schlanken, dunkelhaarigen Jungen heran und umarmte ihn. Raoni erwiderte ihre Umarmung.

„Komm", sagte Raoni, „wir setzen uns erst mal irgendwo hin, wo es etwas gemütlicher ist."

Er rappelte sich auf und half dann Pepper hoch, die immer noch ihren Rucksack auf den Schultern hatte. Die beiden setzten sich auf einen breiten, tief hängenden Ast und ließen die Beine baumeln.

„Was machst du hier im Dschungel, so weit weg von eurem Baumhaus?", fragte Raoni. Pepper überlegte, ob sie ihm die Wahrheit sagen sollte – nicht, dass sie Raoni in Gefahr brachte, aber da sprudelte auch schon alles aus ihr

heraus. Sie erzählte, dass Onkel Theo verschwunden war, von den rätselhaften, drängenden Nachrichten und auch ein bisschen von ihrer anstrengenden Route quer durch den Urwald. Dass sie bereits seit gestern unterwegs war, verschwieg sie ihm allerdings.

Sie schloss mit den Worten: „Und jetzt habe ich furchtbaren Hunger!"

„Na, da kann ich abhelfen", sagte Raoni lachend. Er öffnete seinen eigenen Rucksack, holte einige Päckchen daraus hervor und reichte zwei davon an Pepper weiter. Gierig öffnete sie die Pakete.

„Oh, Pasteten, wie lecker!", rief sie entzückt aus und stürzte sich auf das Essen, als hätte sie tagelang gehungert.

Gemeinsam verschlangen sie fast den ganzen Proviant aus Raonis Rucksack. Da er immer hungrig war, hatte er ausreichend Essen dabei. Nachdem Pepper ihren Anteil bis auf den letzten Krümel vertilgt hatte, wandte sie sich wieder ihrem Freund zu.

„Warum bist du eigentlich hinter mir hergeschlichen?"

„Tja", antwortete der Junge, „das liegt an einem merkwürdigen Fund, den ich gemacht habe."

Pepper sah ihn erwartungsvoll an.

„Heute Morgen habe ich einen kaputten Tierkäfig gefunden, mitten im Dschungel. Ich fand das sehr verdächtig, der gehört hier nicht hin."

„Wo hast du den Käfig gefunden?", fragte Pepper.

„Er war bei der Leiter zur Hängebrücke im Gebüsch verborgen."

„Da ist Onkel Theo auch entlanggegangen!" Pepper war ganz aufgeregt und ihre grünen Augen blitzten auf. „Ich glaube, dass Onkel Theo hinter irgendetwas her ist. Er hinterlässt mir seine Nachrichten auch immer verschlüsselt, als ob die niemand sonst verstehen darf."

„Pepper, weißt du, was ich glaube?" Raoni sah sie sehr ernst an und strich sich die langen Haare aus der Stirn. „Hier in unserem Urwald sind Wilderer unterwegs."

Pepper fröstelte trotz der stickigen Hitze.

„Das befürchte ich auch“, flüsterte sie. „Und was ich dir noch gar nicht erzählt habe: Ich bin in eine Falle geraten, da war ich noch gar nicht weit vom Baumhaus entfernt.“

„Was?“ Raoni war entsetzt. „Das ist ja furchtbar, die armen Tiere! Wie bist du wieder freigekommen?“

Anerkennend wog Raoni Peppers Messer in den Händen, als sie mit dem Erzählen fertig war.

„Das kann man im Dschungel gut gebrauchen und du kannst glücklicherweise damit umgehen! Aber mit Wilderern ist nicht zu spaßen, dass weißt du genau. Das war auch der Grund, warum ich nicht auf dem Weg gelaufen bin. Als ich dich dann erkannt habe, bin ich dir gefolgt und wollte erst sicher sein, dass die Luft rein ist und dir niemand sonst folgt. Dann bist du diesem Pfeilgiftfrosch immer näher gekommen und ich war in Sorge, du könntest ihn anfassen. Ich weiß ja, dass du alle Tiere des Urwalds superspannend findest.“ Er grinste sie aus seinen gutmütigen, braunen Augen etwas schief an.

In Peppers Bauch breitete sich ein warmes Gefühl aus.

„Danke, echt nett von dir, dass du dir Sorgen um mich gemacht hast.“ Pepper bedachte ihn mit einem strahlenden Lächeln.

„Was willst du jetzt machen?“ Raoni wirkte etwas verlegen.

„Ich kann auf keinen Fall mehr umkehren, ich muss Onkel Theo unbedingt finden!“, antwortete sie verzweifelt.

„Willst du vielleicht mitkommen?" In ihrer Stimme schwang Hoffnung mit.

„Das geht leider nicht, Pepper", sagte er bedauernd. „Meine Eltern bekommen sonst einen Herzinfarkt. Ich bin einmal über Nacht weggeblieben, danach musste ich hoch und heilig versprechen, immer zum verabredeten Zeitpunkt zu Hause zu sein. Komm doch einfach mit zu mir, meine Eltern wissen bestimmt Rat."

Pepper schüttelte so heftig den Kopf, dass ihre roten Locken nur so flogen.

„Nein, das geht nicht. Mein Onkel braucht mich, das spüre ich, und ich will keine Zeit verlieren."

„Das halte ich für keine gute Idee, Pepper! Wenn wirklich Wilderer unterwegs sind, dann ist das echt gefährlich!"

„Ich weiß", sagte sie unglücklich. „Und Tante Frieda ist bestimmt auch schon verrückt vor Sorge um mich."

„Pass auf, was hältst du davon, wenn ich so schnell wie möglich nach Hause laufe? Dann können meine Eltern Tante Frieda benachrichtigen, dass es dir gut geht und außerdem die Ranger informieren, dass möglicherweise Wilderer unterwegs sind."

„Das wäre klasse!", antwortete Pepper erleichtert und lächelte Raoni dankbar an.

Dann ließ sie sich von der Astgabel nach unten gleiten und sofort kam auch Bewegung in Lori und Max.

„Na, wie ich sehe, hast du wenigstens Begleiter, und angriffslustige noch dazu.“ Raoni fuhr mit dem Finger über seine Schrammen. „Aber ich begleite dich noch bis zum Wasserfall.“

Fast schweigend liefen sie nebeneinander her, bis sie den imposanten Wasserfall erreichten. Raoni verabschiedete sich mit einer festen Umarmung und wünschte ihr viel Glück. Dann machte er sich schnellen Schrittes auf den Rückweg, ohne sich noch einmal nach ihr umzudrehen. Wehmütig schaute Pepper ihm hinterher. Wie gerne wäre sie mit ihm weitergezogen. Doch sie hatten einen guten Plan. Und Tante Frieda und vor allem die Ranger mussten Bescheid wissen. Als Raoni außer Sichtweite war, suchte sie die nächste geheime Botschaft von Onkel Theo.

Pepper schaute unter jedem Stein nach und watete vorsichtig im flachen Wasser des Uferbereichs herum. Weiter traute sie sich nicht, denn im Gegensatz zu dem relativ ruhigen Fluss war dies ein reißender, tosender Strom. Unglaubliche Mengen an Wasser ergossen sich von einem hohen Felsen in das Gewässer darunter und suchten sich mit hoher Geschwindigkeit einen Weg über glattgeschliffene Steine und kleine Felsbrocken. Die Sonne schien auf die aufwirbelnde Gischt und erzeugte viele kleine Regenbögen, die bunt in der Luft flirrten. Die Stromschnellen waren wirklich schön anzusehen. Früher hatte Pepper

trockene Blätter oder kleine Stöckchen hineingeworfen, um zu beobachten, wie schnell sie von den Strudeln davongetragen wurden. Bestimmt hatte Onkel Theo seine Botschaft ein bisschen weiter vom Ufer entfernt platziert, um zu vermeiden, dass sie weggespült wurde. Daher suchte Pepper die Büsche und Bäume in der Nähe ab. Doch sie konnte nichts entdecken. Ihr Blick fiel auf die riesige, breite Wasserwand, die sich von dem hochgelegenen Felsen schäumend bis nach unten ergoss. Auf einmal kam ihr ein Gedanke: Onkel Theo hatte doch nicht etwa die Nachricht *hinter* dem Wasserfall versteckt? Zwischen dem herabstürzenden Wasser und der Felswand gab es einen schmalen Vorsprung. Sie sah etwas Gelbes durch den Wasservorhang, als sie sich vorsichtig näherte. Die Nachricht lag unten auf dem schmalen Felssims, der hinter dem Wasserfall verlief. Vorsichtig zog Pepper das Päckchen hervor und öffnete es atemlos. Neben einem Brief enthielt es zwei kleine Tütchen mit Natron sowie Zitronensäure und eine Tube mit roter Lebensmittelfarbe.

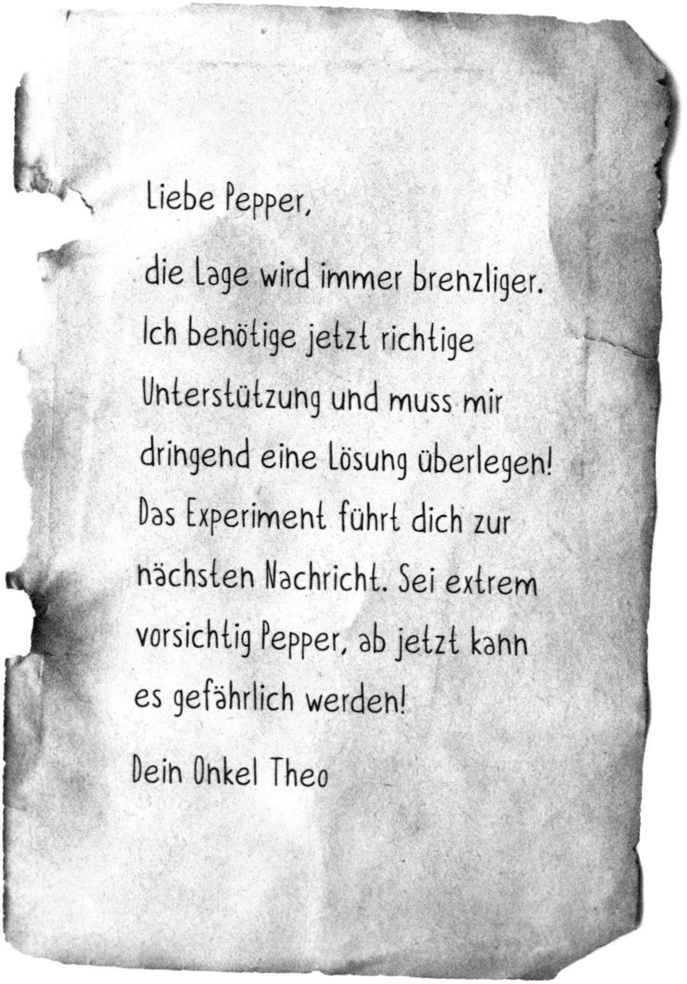

Liebe Pepper,

die Lage wird immer brenzliger. Ich benötige jetzt richtige Unterstützung und muss mir dringend eine Lösung überlegen! Das Experiment führt dich zur nächsten Nachricht. Sei extrem vorsichtig Pepper, ab jetzt kann es gefährlich werden!

Dein Onkel Theo

Du brauchst:

- ein hohes Glas oder reinen Becher
- 50 ml Wasser
- einen Teelöffel
- flüssige Lebensmittelfarbe, z. B. Rot
- Zitronensäurepulver
- Natron

So geht's:

(Sicherheitshinweis: Halte dein Gesicht beim Experimentieren nicht direkt über das Glas, sondern nimm einen Sicherheitsabstand ein! Du kannst auch vorsichtshalber eine Schutzbrille aufsetzen oder das Experiment mit deinen Eltern durchführen.)

1. Gib ein paar Spritzer Lebensmittelfarbe in ein hohes Glas.
2. Mische die Lebensmittelfarbe mit 50 ml Wasser.
3. Gib einen Teelöffel Zitronensäurepulver dazu.
4. Rühre alles gut um.
5. Gib einen Teelöffel Natron dazu.

Was passiert?

- Du erhältst eine Flüssigkeit in der Farbe deiner verwendeten Lebensmittelfarbe. Dann laufe rechts am Wasser entlang, bis du zu der Brücke kommst, die über den Fluss führt. Überquere die Brücke, dort findest du eine weitere Nachricht. Lies auf Seite 38 weiter.
- Die Lebensmittelfarbe in der Flüssigkeit ändert ihre Farbe und brodelt wild. Dann laufe rechts am Wasser entlang bis zu einer großen Kreuzung. Dort findest du eine weitere Nachricht. Lies auf Seite 90 weiter.
- Du erhältst eine Flüssigkeit in der Farbe deiner verwendeten Lebensmittelfarbe, die wild brodelt. Dann durchquere den Wasserfall, auf der anderen Seite findest du eine weitere Nachricht. Lies auf Seite 23 weiter.

TUKANE SIND SPASSVÖGEL!

Das Ergebnis war eindeutig, mit der Jodlösung färbten sich die Zeichen auf dem Filterpapier blau. Das musste sie sich unbedingt merken, damit konnte sie ihrer Freundin zu Hause super Geheimbotschaften schreiben!

Aber jetzt musste Pepper sich erst einmal um ihr aktuelles Problem kümmern. Sie sollte also weiterlaufen, bis zu der schönen Lichtung, die sie schon öfter mit Onkel Theo besucht hatte. Pepper wuchtete den Rucksack auf ihren Rücken und marschierte los, das Äffchen saß immer noch müde auf ihrer Schulter. Der Pfad war gut passierbar, fast gar nicht zugewachsen. Aber bereits nach fünf Minuten hatte sie das Gefühl, keinen Schritt mehr gehen zu können. Pepper war total erschöpft, ihre Arme fühlten sich vom Staken im Wasser an wie Wackelpudding, aber gleichzeitig auch schwer wie Blei. Hitze und hohe Luftfeuchtigkeit machten ihr zusätzlich zu schaffen, sie bekam kaum noch Luft und die Striemen an ihren Beinen brannten wie Feuer.

„Ich kann einfach nicht mehr!“, sagte sie verzweifelt zu Lori. Sie riss sich den Rucksack von den Schultern und ließ sich bäuchlings auf einen umgestürzten Baum fallen. Dort lag sie eine halbe Stunde fast bewegungslos. Das Äffchen hatte es sich auf ihrem Rücken bequem gemacht und rührte sich auch nicht mehr. Als sie so vor sich hindösten, hörten sie plötzlich ein lautes Knurren. Pepper hob erschrocken den Kopf. Da, schon wieder! Das musste ein wildes Tier sein. Aber als sie das Geräusch noch einmal hörte, musste sie lachen.

„Ich habe bloß Hunger und mein Magen knurrt, was bin ich doch für ein Trottel!" Sie hatte überhaupt noch nichts gegessen außer dem Frühstück heute Morgen und ein paar Keksen zwischendurch. Pepper öffnete ihren Rucksack und holte die Box mit den Broten und die zweite Wasserflasche heraus. Hungrig machte sie sich über das Essen her und gab Lori natürlich ein Stück ab. Wie lecker das schmeckte, wenn man wirklich Hunger hatte. Ihr Pausenbrot in der Schule mochte sie oft gar nicht essen. Als ihr Hunger gestillt war, stellten sich die trüben Gedanken wieder ein. Was war so schlimm, dass Onkel Theo nicht auf sie warten konnte? Dass er seine geliebte Nichte allein quer durch den Urwald laufen ließ und Briefe verschlüsselte, sah ihm gar nicht ähnlich! Hoffentlich ging es ihm gut. An eine Dschungel-Schnitzeljagd konnte Pepper nicht mehr glauben, auch wenn sie es gerne wollte. Sie war erschöpft, müde und betrübt, was ihr sonst gar nicht entsprach. Sie konnte keinen Schritt mehr laufen, da war sie sich sicher, ihre Beine trugen sie einfach nicht weiter. Eine Träne löste sich

aus ihrem Auge und dann folgten noch zwei oder drei. Pepper wischte sie traurig weg. Auf einmal traf sie eine Beere am Kopf, dann noch eine und noch eine und auch Lori wurde bombardiert. Was war denn jetzt schon wieder los? Pepper wich einer Beere aus, sah sich um und zack, landete die nächste mitten auf ihrer Nase.

„Autsch!“, entfuhr es ihr. Sie blickte nach oben und sah den Übeltäter gleich! Ein wunderschöner Riesentukan saß auf einem kleinen Ast einer Acai-Palme, rupfte deren Beeren mit seinem riesigen Schnabel ab und warf sie nach ihr. Sie betrachtete das Tier genauer. Es kam ihr sehr bekannt vor …

„Max, du Schlingel!“, rief sie aus. Sie kannte diesen Tukan. Er hatte eine Weile beim Baumhaus gelebt.

Max hüpfte sichtlich erfreut auf dem Ast hoch und runter und gab schnarrende Geräusche von sich, wobei man in seinem geöffneten Schnabel die lange, dünne Zunge sehen konnte. Dann warf er weiter mit Beeren. Das war ein Spiel, das sie früher immer gespielt hatten, als Max noch bei ihnen wohnte. Tante Frieda hatte ihn als ganz jungen Vogel gefunden und großgezogen. Tukane werden ganz zahm, wenn man sie mit der Hand aufzieht und sie lieben Beeren! Mit seinem großen, orangefarbenen Schnabel konnte Max Beeren greifen und werfen. Pepper hatte versucht, sie mit dem Mund aufzufangen, und mit ein bisschen Übung schafften sie es bald, dass fast alle Beeren in Peppers Mund landeten. Umgekehrt spielten sie das Spiel natürlich auch: Pepper warf Max die Beeren zu und er fing diese immer ohne Schwierigkeiten auf.

Na, wenn Max schon gerade dabei war … Pepper öffnete den Mund und versuchte, die Acai-Beeren aufzufangen, die der Tukan von den langen Rispen zupfte und ihr anschließend zuwarf. Mmh, lecker waren die! Und je mehr sie von den kleinen, runden violettschwarzen Früchten aß, umso besser fühlte sie sich. Wie gut, dass sie Max getroffen hatten. Sie hatte ihn schon länger nicht gesehen. Er kam jetzt nicht mehr so oft zum Baumhaus und sie hatte ihn vermisst. Dort war er auf allen Möbeln herumgehüpft, hatte eine Menge Mist gebaut und sie zum Lachen gebracht. Tukane waren als die Spaßvögel des Dschungels bekannt, die lieber auf Bäumen herumhüpften, weil sie nicht so gut fliegen konnten, und die sich gerne gegenseitig mit Beeren bewarfen. Die riesigen Schnäbel waren merkwürdigerweise ganz leicht, mit Blutgefäßen durchzogen und dienten der Abgabe von Wärme. „Ich kann nicht mehr, Max“, rief sie dem Tukan zu, „aber vielen Dank für die leckeren Beeren!“

Max legte seinen Kopf ein wenig schief und schaute sie mit seinen wunderschönen blauen Augen an, dann ließ er sich von der Palme fallen und landete direkt in ihrem Schoss. Pepper kraulte ihm den Kopf, das mochte er besonders, und strich vorsichtig über seine schwarzen Flügel. Mit einem Mal fühlte sie sich viel besser und merkte, wie ihre Kräfte langsam wiederkamen. Ob es an den Acai-Beeren lag? Die Völker im Amazonasgebiet sagten ihnen Wunderkräfte nach. Die Beeren waren voller gesunder Inhaltsstoffe, hatte Tante Frieda ihr mal erklärt. Pepper hatte damals gar nicht so genau zugehört, weil gesunde Sachen sie eigentlich nicht so brennend interessierten, aber vielleicht sollte sie da doch noch einmal nachforschen. Ihre Lebensgeister hatten diese Dinger jedenfalls wieder geweckt!

Mit frischem Mut war Pepper bereit zum Aufbruch. Natürlich würde sie ihren Onkel finden! Wenn nur die blöden Schrammen an ihren Beinen nicht wären. Die sahen gar nicht gut aus. Obwohl die Schrammen nicht tief waren, war die Haut an den Rändern gerötet und geschwollen und es tat ziemlich weh! So ein Mist, bestimmt hatten sich die Wunden im Flusswasser entzündet. Etwas ratlos sah sie auf ihre Beine, die anstehende Wanderung würde der Entzündung nicht gut bekommen. Da fiel ihr die Jodlösung ein, damit konnte sie die Striemen desinfizieren. Pepper holte die Jodlösung aus ihrem Notfallpack, tropfte die dunkle Flüssigkeit auf die Striemen und biss die Zähne zusammen. Autsch, das brannte höllisch! Aber es musste sein, damit die Entzündung zurückging.

Anschließend schulterte sie ihren Rucksack und los ging's. Das Laufen fiel ihr jetzt viel leichter. Lori hatte den Stammplatz auf ihrer Schulter verlassen und tollte zusammen mit Max auf den Bäumen neben dem Weg herum. Der Tukan hatte offenbar beschlossen, sie zu begleiten, und darüber freute sich Pepper.

Unterwegs kamen sie an einer kleinen Süßwasserquelle vorbei, an der Pepper die beiden Wasserflaschen auffüllte und noch viel frisches Wasser aus ihren Händen trank-köstlich!

Sie folgten schon einer Weile dem gewundenen Pfad, als Pepper bemerkte, dass es merkwürdig still im Dschungel war: Alle Geräusche schienen verstummt zu sein. Es war auch viel dunkler geworden. Sie schaute in den Himmel und sah große, dunkle Wolkengebilde, die sich vor der Sonne türmten. Pepper wusste, was das bedeutete, und bekam schon die ersten Tropfen ab. Gleich würde ein Sturzregen losgehen.

Sie rannte los und schaute sich suchend nach einem Unterschlupf um. Der Regen wurde schnell stärker und sie war schon ziemlich nass. Das war eigentlich nicht schlimm, aber sie wollte vermeiden, dass ihr Schlafsack komplett einregnete.

Sie schaute nach den beiden Tieren und sah Max, der einen alten, ausgehöhlten Baum entdeckt hatte, dessen Umfang so groß war, dass sie alle bequem darin Platz fanden. Erleichtert huschte Pepper in den trockenen Unterschlupf, keine Sekunde zu spät! Der Regen prasselte jetzt sintflutartig vom Himmel herab. All die Feuchtigkeit, die den ganzen Tag über verdampft und sich in den Wolken gesammelt hatte, kam jetzt als Regen wieder herunter. Wenn es im Regenwald regnete, dann aber richtig! Fasziniert schaute Pepper auf die Wand aus Regen, die vor der Baumhöhle niederging. Die dicken Tropfen trommelten so laut auf die Blätter, dass es geradezu ohrenbetäubend war! Schnell sammelten sich auf dem Erdboden breite Bäche, die beladen mit Erde und abgestorbenen Pflanzenteilen nur so dahinschossen. Man bekam das Gefühl, dass es nie wieder aufhören würde zu regnen. Auch ihre Tiere waren ganz still geworden. Max hockte auf der rechten und Lori auf ihrer linken Schulter. Aber dann, so plötzlich wie es begonnen hatte, war der Spuk wieder vorbei. Der Regen hörte schlagartig auf und die dunklen Wolken zogen weiter.

Die drei warteten noch einige Minuten, bis die Sturzbäche abgeflossen waren und es nicht mehr so stark von den Blättern herabtropfte, bevor sie ihren Unterstand verließen.

„Ahhh", seufzte Pepper, als sie wieder zurück auf dem Weg waren. „Wie schön frisch die Luft nach dem Regen ist, fühlt sich gleich kühler an." Das mochte Tante Frieda auch so gern. Die kühle Luft nach dem Regen. Oh weh, Tante Frieda! Es war jetzt bereits später Nachmittag und ihre Tante machte sich sicherlich Sorgen, wo sie blieb. Normalerweise war Pepper nie so lange allein unterwegs. Sie musste ihr dringend eine Nachricht zukommen lassen, aber wie? Nachdenklich schaute sie sich um und ihr Blick fiel auf Lori und Max. Das freche Äffchen hatte den Vogel am Schnabel gepackt, der daraufhin mächtig mit den Flügeln schlug, um nicht das Gleichgewicht zu verlieren. Vielleicht konnte Max ihrer Tante eine Nachricht überbringen? Pepper holte eine der herausgerissenen Seiten aus Onkel Theos Forscherbuch heraus und schrieb auf die Rückseite eine kurze Nachricht an Tante Frieda. Anschließend rollte sie den Zettel zusammen und lockte Max auf ihre Schulter.

„Max, du musst dringend zum Baumhaus fliegen und Tante Frieda eine Nachricht überbringen, hörst du?“ Der Vogel legte den Kopf schief und sah sie aufmerksam an. Pepper kramte eine Schnur aus ihren Taschen, mit der ihr Onkel ein Päckchen verschnürt hatte, und versuchte, Max den Zettel um einen Fuß zu binden. Ärgerlich fing der Tukan an zu schnarren und zog immer wieder seinen Fuß zurück. Schließlich hatte er genug von dem Blödsinn und flatterte schwerfällig auf einen Ast. Von dort sah er vorwurfsvoll zu Pepper herunter.

„Stell dich doch nicht so an, Max“, rief Pepper frustriert. Aber alles anschließende Bitten und Betteln half nichts, Max ließ sich nicht mehr locken. Nach einer Weile sah Pepper ein, dass es keinen Zweck hatte, Max war einfach keine dressierte Brieftaube, sondern ein wildes Tier, das im Amazonas lebte. Er hatte seinen eigenen Willen.

Pepper verstaute alles in ihrem Rucksack und die drei machten sich wieder auf den Weg. Ehe sie sich versahen, kam die Lichtung in Sicht mit ihrer weiten grasbewachsenen Fläche, auf der nur einzelne große Bäumen standen. Auch der Urwald ringsherum war eher licht und nicht so zugewachsen. Pepper hoffte schon gar nicht mehr darauf, ihren Onkel hier zu finden. Und tatsächlich, so weit das Auge reichte, war keine Menschenseele zu sehen. Aber erneut zeichneten sich Spuren ab, die hier nicht hingehörten: eine rechteckige Stelle, an der das Gras plattgedrückt war. Es sah aus, als hätte ein Zelt darauf gestanden und einiger Abfall lag in unmittelbarer Nähe. Pepper rümpfte die Nase über die leeren Dosen, Plastikflaschen und Papierfetzen.

„Irgendein Idiot hat seinen ganzen Abfall hier liegen lassen", sagte sie empört zu ihren Tieren. Diese störte das allerdings überhaupt nicht. Neugierig durchsuchten sie den Abfall nach Essbarem. Lori riss dem Tukan gerade etwas aus dem Schnabel, was nach einem alten Brotkanten aussah. Während die Tiere noch stritten, suchte Pepper nach einer weiteren Nachricht ihres Onkels. Langsam begann es, schon ein bisschen dunkler zu werden, aber sie wusste, wo sie nachschauen musste. Es gab eine Höhle in einem Baum, in der Onkel Theo ihr früher immer Süßigkeiten versteckt hatte. Es lag also nahe, dass er seinen nächsten Brief auch in dieser Höhle versteckt haben würde. Pepper kletterte auf den Baum, griff mit der rechten Hand in die Höhle und ertastete nach kurzer Zeit die etwas raue, ölige Oberfläche des Wachstuchs. Sie zog das Päckchen heraus, das deutlich weniger dick war als die letzten Male, setzte sich auf einen breiten Ast und wickelte das Tuch auf. Diesmal enthielt es nur einige beschriebene Seiten.

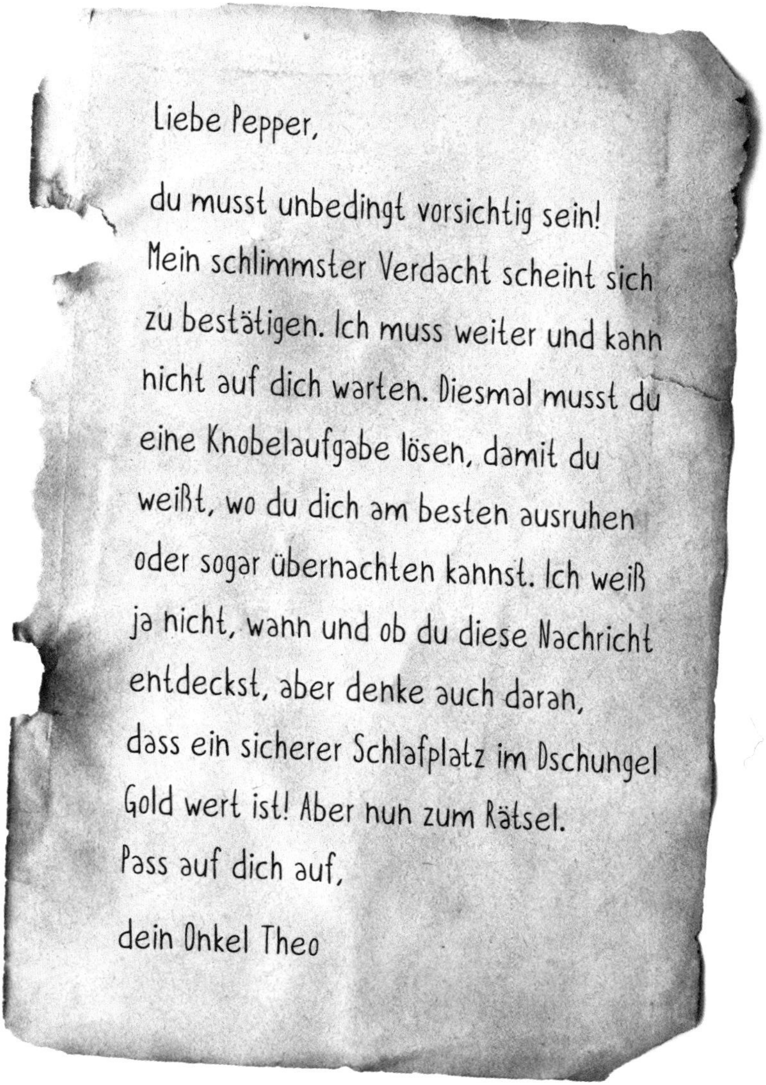

Liebe Pepper,

du musst unbedingt vorsichtig sein! Mein schlimmster Verdacht scheint sich zu bestätigen. Ich muss weiter und kann nicht auf dich warten. Diesmal musst du eine Knobelaufgabe lösen, damit du weißt, wo du dich am besten ausruhen oder sogar übernachten kannst. Ich weiß ja nicht, wann und ob du diese Nachricht entdeckst, aber denke auch daran, dass ein sicherer Schlafplatz im Dschungel Gold wert ist! Aber nun zum Rätsel.
Pass auf dich auf,

dein Onkel Theo

Ergänze jeweils das leere vierte Bild so, dass die Reihe sinnvoll fortgeführt wird. Du hast dazu jeweils vier Bilder der unteren Reihe zur Auswahl. Die Auswahlbilder sind mit Zahlen versehen. Trage die Zahlen der richtigen Bilder unten ein.

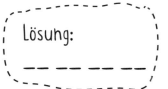

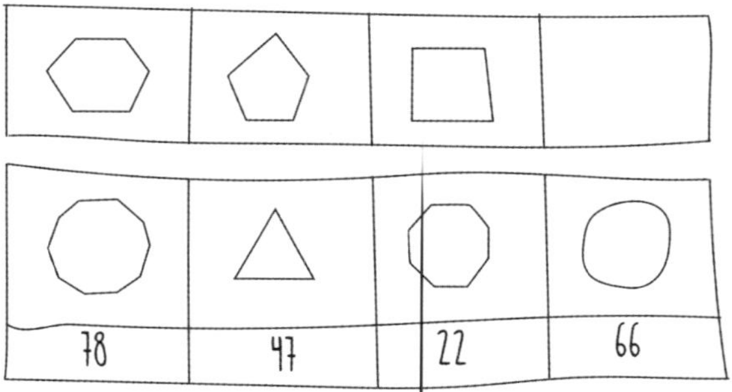

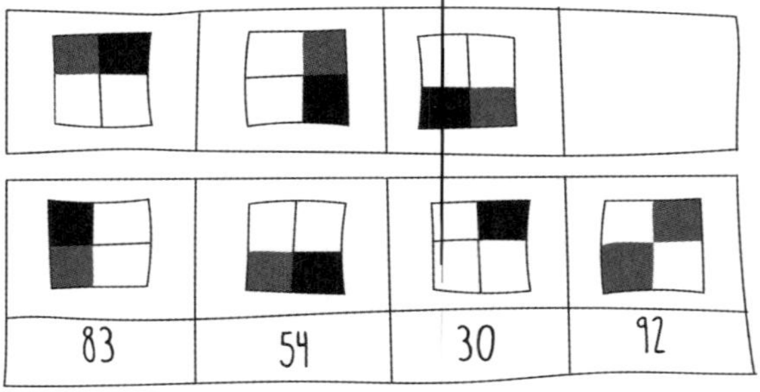

Lösung:

__ __ __ __

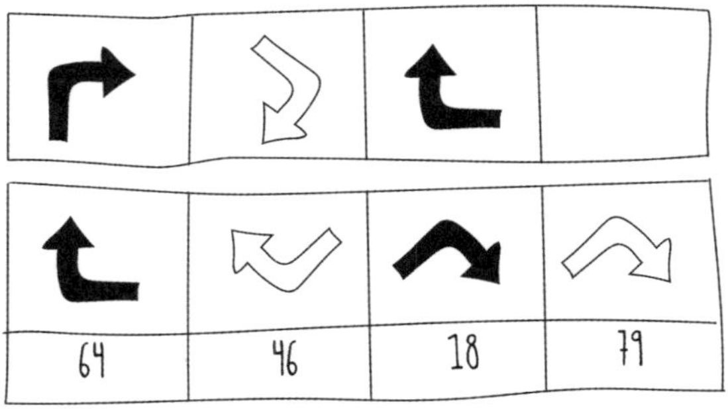

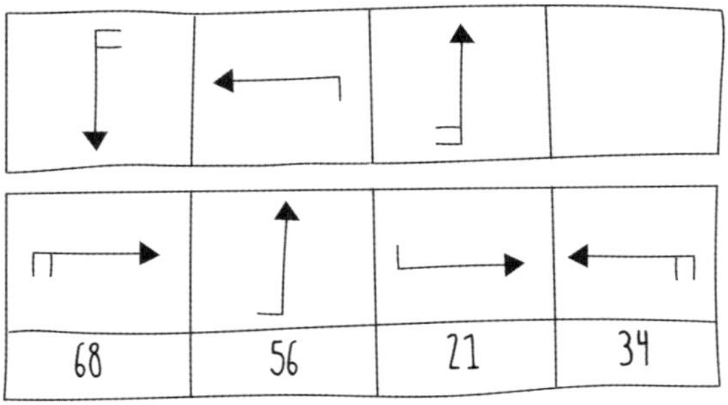

Welche Zahlen enthält die Lösung?

- Die Lösungen sind nur gerade Zahlen? Übernachte am See. Dort findest du eine neue Nachricht. Lies auf Seite 60 weiter.
- Die Lösungen sind nur ungerade Zahlen? Übernachte auf der Lichtung. Am nächsten Morgen findest du eine neue Nachricht am See. Lies auf Seite 137 weiter.
- Die Lösungen sind sowohl gerade als auch ungerade Zahlen? Übernachte in der alten Holzhütte ein Stück von der Lichtung entfernt. Morgen früh findest du eine neue Nachricht beim großen Mammutbaum. Lies auf Seite 35 weiter.

AUF DEM WEG ZU MABS FARM

Pepper versuchte, sich auf das Bild in ihren Händen zu konzentrieren; Onkel Theo konnte wirklich gut zeichnen. Leider wurde sie ständig von den Tieren gestört, Lori sprang um sie herum und zupfte an ihrem Shirt und Max hüpfte ungeduldig auf dem Boden vor ihr hin und her. Die beiden wollten endlich los, auch Pepper wurde langsam nervös und war voller Tatendrang. Sie warf mit zusammengekniffenen Augen noch einen letzten Blick auf das Bild.

„Also, wenn ich richtigliege, sind es genau zehn", verkündete sie.

Schnell sprang sie auf und schulterte den Rucksack. Heute würde sie den Onkel finden, bestimmt wartete er schon auf der Farm auf sie. Beschwingten Schrittes lief Pepper los, immer am Rand des Sees entlang. Die Sonne spiegelte sich im Wasser und sie fühlte sich von dem morgendlichen Bad erfrischt. Nach einer halben Stunde musste sie ihren schnellen Schritt allerdings etwas bremsen, so langsam wurde es wieder richtig heiß. Beim Laufen tauchten viele Gedanken in ihrem Kopf auf und vergingen wieder, aber auf einmal blitzte etwas Wichtiges auf. Pepper blieb ruckartig stehen. „Denk an Heidi", stand in Onkel Theos Brief. Ganz klar, der Tipp war ein Hinweis auf die Anzahl der Beine von Insekten gewesen. Diese hatten nämlich nur sechs Beine und Spinnen acht. „Oh je", sagte Pepper, „jetzt weiß ich gar nicht, ob ich vielleicht die Spinnen mitgezählt habe?"

Es half alles nichts, sie musste sich das Suchbild noch einmal genau ansehen, sonst würde sie womöglich in die falsche Richtung laufen. Pepper holte es aus dem Rucksack, konzentrierte sich auf die Aufgabe und zählte laut nach.

←--- Geh zurück zu Seite 149 und zähle noch einmal die Insekten!

DAS IST DER
FALSCHE WEG!
ENTSCHEIDE DICH
NEU AUF SEITE 75

UNGEDULD

Pepper schüttete das Salz ins Wasser und rührte heftig um, aber es wollte sich nicht so recht auflösen. Ungeduldig ließ sie das Ei wieder ins Wasser plumpsen und wartete einen Moment – aber nichts geschah. Das Ei lag auf dem Boden zwischen den ungelösten Salzkörnern.

„Ein Glück, Lori“, sagte Pepper zu ihrem kleinen Äffchen, das ihr sehr interessiert zugeschaut hatte. „Wir sollen nicht den Fluss überqueren, sondern am Ufer weiterlaufen.“

Pepper schulterte ihren Rucksack und schon ging es los. Am Anfang kamen sie ganz gut voran und Pepper war guter Dinge. Hoffentlich würden sie bald auf Onkel Theo stoßen! Aber nachdem sie eine Viertelstunde gewandert waren, endete der Weg am Fluss plötzlich. Ratlos schaute Pepper sich um: Wo ging es denn jetzt weiter? Vielleicht würde sie noch ein Päckchen finden? Pepper suchte nach einer neuen Nachricht, aber so sehr sie sich auch umschaute, sie konnte nirgends etwas Gelbes entdecken!

Entmutigt ließ Pepper sich auf einen Stein sinken. War es die richtige Entscheidung gewesen, nicht den Fluss zu überqueren? Sie rief sich noch einmal das Experiment ins Gedächtnis. Ein rohes Ei sinkt im Wasser auf den Boden, das war logisch, denn das Ei ist schwerer als Süßwasser. Aber im Salzwasser war das Ei doch auch auf den Boden gesunken, sie hatte es schließlich ausprobiert.

„Allerdings“, sagte sie etwas schuldbewusst zu Lori, „war ich vielleicht zu ungeduldig, so lange zu rühren, bis sich das Salz komplett aufgelöst hat.“

Pepper dachte nach. Eigentlich fühlte man sich ja auch im salzigen Meerwasser viel leichter als im Süßwasser und man konnte nicht so leicht untergehen. Wenn sie es sich recht überlegte, hätte sie vielleicht doch warten müssen, bis sich das viele Salz im Wasser komplett auflöste. Dann wäre das Ei vielleicht doch nicht untergegangen. Je länger Pepper überlegte, umso überzeugter war sie, dass sie einen Fehler beim Experimentieren gemacht hatte.

„Wir müssen zurück, Lori. Das Ei liegt noch im Gestrüpp“, sagte sie und sprang auf. „Ich muss das Experiment noch einmal durchführen!“

←--- Geh zurück zu Seite 122 und wiederhole das Experiment!

GEFANGEN!

Geschafft! Endlich hatte Pepper die richtige Kombination herausgefunden und mit einem Klicken öffnete sich das Schloss. So schnell sie konnte, zog sie es mit ihren schweißnassen Händen ab und öffnete die Tür. Onkel Theo saß merkwürdigerweise auf dem Boden neben einem Regal, den Rücken an die Wand gelehnt und die Füße ausgestreckt. Pepper stürzte auf ihn zu und fiel ihm um den Hals.

„Onkel Theo, ich bin ja so froh, dass ich dich gefunden habe! Ich hatte solche Angst um dich, jetzt wird alles gut, nicht wahr? Den ganzen Weg durch den Dschungel bin ich gelaufen und nachts habe ich auf einem Baum geschlafen und hinter dem Wasserfall habe ich mich entlanggetastet und du glaubst es nicht, auf einem Seerosenblatt bin ich über den Fluss gestakt und ich war in einer Falle gefangen und …“

Pepper, aus der vor lauter Erleichterung alles herausgesprudelt war, stockte plötzlich. Onkel Theo war seltsam still. Sie ließ seinen Hals los, um ihn richtig anzuschauen. Ihr Onkel war ein großer, drahtiger und kräftiger Mann und normalerweise leuchteten seine grünen Augen, die Peppers

sehr ähnlich sahen. Jetzt sah sein Gesicht fahl aus, die Augen blickten müde und besorgt und die Fältchen um Augen und Mund wirkten viel tiefer als sonst.

„Onkel Theo, was ist mit dir?“, fragte sie und ihre anfängliche Freude schlug in Besorgnis um.

„Alles gut, Pepper, jetzt wird alles gut, ich bin so froh, dass du mich gefunden hast.“

Erst da fielen ihr die Handschellen auf, mit denen das Handgelenk von Onkel Theo an einen Regalpfosten gekettet war. „Du bist ja gefesselt!!“ Pepper schrie entsetzt auf.

„Halb so schlimm, Pepper, das einzige, was mir wirklich fehlt, ist etwas zu trinken. Ich bin an meinen Rucksack nicht herangekommen. Bitte hole ihn her, er liegt dort in der Ecke."

Pepper sprang auf, holte den Rucksack, riss die Wasserflasche aus der Seitentasche und reichte sie geöffnet an ihren Onkel weiter. Der trank gierig die halbe Flasche leer und seufzte danach erleichtert auf.

„Das tat gut, es ist verdammt heiß geworden, die Sonne hat hier den ganzen Tag draufgeknallt. Jetzt noch einen Happen zu essen und alles ist wieder okay."

Ungeduldig sah Pepper dabei zu, wie Onkel Theo seinen Proviant vertilgte.

So langsam bekam ihr Onkel wieder etwas Farbe im Gesicht. Nachdem er noch etwas getrunken hatte, sah er sie forschend an.

„Wieso bist du nicht zur Rangerstation gelaufen?"

Pepper druckste etwas herum. „Unterwegs habe ich Raoni getroffen. Wir haben verabredet, dass er so schnell wie möglich nach Hause läuft und seinen Eltern alles erzählt. Die sollten dann Tante Frieda und die Ranger informieren. Ich habe mir solche Sorgen um dich gemacht, deshalb habe ich mich dafür entschieden, dir zu folgen und nicht zur Rangerstation zu laufen." Sie sah ihn schuldbewusst an.

„Schon gut, Pepper, wer weiß, wie lange ich es ohne zu trinken hier noch ausgehalten hätte. Ich wollte dich doch nur nicht in weitere Gefahr bringen."

„Aber jetzt sag ist, Onkel Theo, was ist passiert?“ Pepper sah ihn an und musste sich eine kleine Träne verkneifen.

„Also, als ich vom Einkaufen aus der Stadt nach Hause kam, habe ich ganz in der Nähe einen Mann beobachtet, der sich seltsam verhielt. Er schaute sich immer wieder um und hatte viel Werkzeug dabei. Es sah aus, als hätte er irgendwo in der Nähe eine Falle gelegt. Ich wollte der Sache auf den Grund gehen, ohne jemanden vorschnell in Sorge zu versetzen. Es sind ja öfter auch Forscher unterwegs, die Tiere fangen, um sie zu markieren. Aber ich hatte schon ein ungutes Gefühl. Trotzdem wollte ich nicht gleich die Ranger informieren, denn das hätte einen großen Einsatz zur Folge gehabt und ich war mir ja nicht sicher. Daher habe ich dir nur ganz schnell die Nachricht bei Heidi hinterlassen und bin los, um den seltsamen Mann zu beobachten. Mit der Zeit wusste ich, dass mein Verdacht berechtigt war, der Mann war ein Wilderer. Ich konnte ihn beobachten, wie er bereits ausgelöste Fallen kontrollierte und sogar selbst noch weitere auslegte. Natürlich habe ich die Fallen unbrauchbar gemacht, als ich ihm hinterhergeschlichen bin. Ich verfolgte ihn weiter, um herauszufinden, wo er die Tiere versteckt hat und um sie zu befreien. Aber als wir auf die Lichtung am See kamen, stellte sich schnell heraus, dass der Mann nicht allein war. Seine beiden Komplizen erwarteten ihn schon. Die Männer hatten einige Tiere in kleinen Käfigen gefangen und transportierten diese in Richtung

Straße. Von hier führt nämlich eine befahrbare Straße aus dem Urwald heraus. Ich wollte sofort die Ranger rufen, musste aber auch die Männer verfolgen und durfte sie nicht aus den Augen lassen, damit sie die Tiere nicht stehlen und aus dem Urwald abtransportieren konnten. Eine blöde Zwickmühle. Also bin ich den Männern gefolgt und habe dir verschlüsselte Nachrichten hinterlassen, falls die Wilderer sie entdecken sollten. Zum Glück hatte ich noch den halben Einkauf in meinem Rucksack, sodass ich dir Material für die Experimente hinterlassen konnte." Trotz seiner misslichen Lage schmunzelte ihr Onkel bei diesen Worten und zwinkerte Pepper zu.

„Und ich hab mich schon gewundert, wo du das ganze Zeug her hattest!" Jetzt musste auch Pepper ein bisschen grinsen.

Aber schnell wurde Onkel Theo wieder ernst und fuhr fort. „Als wir hier auf der Lichtung ankamen, habe ich mit Entsetzen festgestellt, dass bereits weitere Käfige mit Tieren auf den Abtransport warteten. Außerdem stand ein Jeep mit Anhänger bereit. Nun musste ich handeln. Als die Männer im Zelt waren, habe ich mich an den Jeep herangeschlichen und einige wichtige Kabel durchtrennt." Onkel Theo lachte zufrieden. „Leider haben die Verbrecher mich dabei erwischt und anschließend hier eingesperrt. Was nicht so schlimm gewesen wäre, wenn ich meinen Rucksack mit den Wasserflaschen erreicht hätte. Es war wirklich höchste

Eisenbahn, dass du gekommen bist, Pepper." Mit seinem freien Arm drückte er Pepper an sich, die ein bisschen schlucken musste, damit sie nicht anfing zu weinen. „Du bist wirklich ein tolles Mädchen, Pepper, den ganzen weiten Weg hast du bis hierher geschafft. Ich bin so stolz auf dich."

„Hast du mir ja alles beigebracht." Pepper bekam langsam wieder ein verlegenes Lächeln zustande. „Aber was machen wir jetzt? Kriegen wir die Handschellen irgendwie auf?"

„Ich fürchte nein, ich habe schon alles versucht. Wir bräuchten entweder den passenden Schlüssel oder einen Bolzenschneider, und beides haben wir nicht."

„Aber wir müssen doch die Tiere befreien, bevor die Wilderer den Wagen repariert haben!" Peppers Stimme klang verzweifelt.

„Ich hoffe, dafür brauchen sie noch eine Weile. Aber wir müssen jetzt wirklich unbedingt die Parkranger darüber informieren, wo sich die Wilderer befinden. Das ist unsere Chance! Die Ranger müssen diese Mistkerle festnehmen und ins Gefängnis sperren. Sobald ihr Auto wieder startklar ist, werden sie auf Nimmerwiedersehen verschwinden. Wer weiß, ob Raonis Eltern die Ranger inzwischen schon benachrichtigt haben. Außerdem können sie nicht wissen, wo wir sind."

„Und wie stellen wir das an, du kommst doch hier nicht weg?" Pepper sah ihren Onkel etwas ratlos an.

„Du bist die Einzige, die das machen kann, tut mir leid, Pepper." Onkel Theos Blick war besorgt. „Die Rangerstation ist ca. eine Stunde von hier entfernt. Ich weiß, dass du total erschöpft und müde bist, aber mir fällt keine andere Lösung ein." Er streichelte über ihren Kopf.

Pepper schluckte. Noch einmal eine Stunde wandern, das war wirklich hart. Sie wusste nicht, ob ihr Kräfte dafür noch reichten. Sie dachte an die eingesperrten Tiere und ihren Onkel, der auch in Gefahr war, und ein Ruck ging durch ihren Körper.

„Ich schaff das schon, Onkel Theo, wo muss ich denn hin?"

„Am Schnellsten geht es, wenn du die befestigte Straße bis zur nächsten Kreuzung entlangläufst und dort die linke Abzweigung nimmst. Dann kommst du direkt zur Rangerstation. Ich schreibe dir gleich eine Nachricht für die Ranger auf, die wissen dann schon, was zu tun ist."

Onkel Theo kramte Stift und Papier aus dem Rucksack und schrieb so gut es ging mit einer Hand.

Pepper überlegte kurz, dann zupfte sie ihn am Ärmel. „Sag mal, Onkel Theo, wie komme ich denn an den Wilderern vorbei, das kaputte Auto, an dem sie gerade werkeln, steht doch nicht weit von der Straße entfernt?"

Onkel Theos Blick verdüsterte sich. „Das kann ich dir auch nicht so genau sagen, du musst dich dort irgendwie vorbeischleichen, die Verbrecher dürfen dich auf gar keinen Fall entdecken! Und, Pepper, komm ja nicht auf die Idee,

selbst die Tiere zu befreien! Es ist zu gefährlich und die Ranger müssen die Wilderer erst stellen!“

Pepper fühlte sich ertappt, tatsächlich hatte sie kurz überlegt, sich anzuschleichen und die Käfige zu öffnen. Onkel Theo sah Pepper direkt in die Augen.

„Es tut mir so leid, Pepper, ich habe die Situation falsch eingeschätzt“, sagte er leise zu ihr. „Mir war nicht klar, dass es sich um eine richtige Bande handelt. Nie und nimmer hätte ich dich da mit hineinziehen dürfen.“ Schuldbewusst und besorgt sah er sie an.

„Ist schon okay, Onkel Theo, den Wilderern muss das Handwerk gelegt werden, nur darauf kommt es an. Ich schaffe es schon, mich an ihnen vorbeizuschleichen!“

Tapfer stand Pepper auf und steckte sich die Nachricht in die Hosentasche.

Plötzlich kam etwas kleines und haariges wie ein geölter Blitz um die Ecke geschossen und sprang Pepper auf die Schulter.

„Lori!", rief Pepper erfreut aus. „Da bist du ja wieder."

Lori war sehr aufgeregt und zeterte leise vor sich hin. Beruhigend streichelte Pepper ihren Kopf. „Ist schon gut, Lori, wir gehen jetzt Hilfe holen und dann werden die Tiere befreit."

Onkel Theo schmunzelte. „Ich habe mich schon gewundert, wo Lori geblieben ist, normalerweise klebt sie ja immer an dir."

„Sie war die ganze Zeit bei mir und Max hat uns auch manchmal begleitet. Du glaubst gar nicht, was für eine große Hilfe die beiden gewesen sind! Und bestimmt halten sie auch jetzt fest zu mir. "

„Gut, dass du nicht allein bist, Pepper. Geh jetzt, wir dürfen den Wilderern keine zusätzliche Zeit verschaffen."

Pepper verabschiedete sich von ihrem Onkel und verließ schweren Herzens die Hütte. Sie hasste es, ihn hier allein zurückzulassen. Als sie sich umschaute, ob die Luft rein war, kam Max auf sie zugeflogen und setze sich auf ihre Schulter. Jetzt waren sie wieder vereint! Pepper fühlte sich gleich viel zuversichtlicher und hatte in Gedanken schon einen Plan zurechtgelegt.

Wie sieht Peppers Plan aus?

Jetzt bist du gefragt.

→ Pepper versucht, sich an den Wilderern vorbeizuschleichen, um möglichst schnell die Rangerstation zu erreichen. Dann lies auf Seite 150 weiter.

→ Pepper versucht, zuerst die Tiere zu befreien, damit die Wilderer sie nicht aus dem Urwald abtransportieren können. Dann lies auf Seite 57 weiter.

SO EIN MIST!

Peppers Kopf qualmte, bei dieser Hitze konnte sie sich einfach nicht richtig konzentrieren. Wie viele Zaubernüsse hatte Tante Frieda gesammelt? Es waren nicht mehr als 60, da war sie sicher. Pepper lief los und zählte ihre Schritte, nach ungefähr 50 Metern kam sie an eine Kreuzung und schaute noch einmal auf ihren Zettel. Fünfzig war eine gerade Zahl, also musste sie den linken Abzweig nehmen. Am riesigen alten Mammutbaum war Pepper mit ihrem Onkel schon einmal gewesen, sie konnte sich allerdings nicht mehr an den Weg erinnern. Pepper zweigte links ab und lief dann den Weg entlang, der sich zwischen den Bäumen hindurchschlängelte. Ihr war furchtbar heiß und sie hatte inzwischen schrecklichen Hunger. Als sie an einem Mangobaum vorbeikam, beschloss Pepper erst einmal, eine kleine Pause zu machen.

„Puh, ich kann nicht mehr.“ Schnell pflückte sie zwei Mangos, holte ihr Messer heraus und zerteilte die Früchte. Lori stibitzte sich sofort ein Stück und knabberte zufrieden, bis ihr der Mangosaft an beiden Seiten aus dem Mäulchen lief. Auch Pepper aß gierig die Früchte, danach ging es ihr besser und sie lief munter weiter. Die Geschichte mit den Zaubernüssen ließ sie allerdings nicht los und sie rechnete noch einmal laut nach.

„Also, Lori, Tante Frieda hatte am Ende noch zehn Zaubernüsse. Als sie hingefallen ist, hat sie die Hälfte der Nüsse verschüttet, dann müssen es also 20 im Körbchen gewesen sein. Hmm, lass mich nachdenken, und davor hat sie das kranke Jaguarjunge mit der Hälfte der Zaubernüsse gefüttert. Das Doppelte von 20 ist 40, also muss sie mit 40 Nüssen bei dem Jaguarjungen angekommen sein." Abrupt blieb Pepper stehen. „So ein Mist! Ich habe mich verrechnet, die Hälfte der Nüsse musste Tante Frieda doch auch noch an die Affenbande abtreten. Also hat sie natürlich mehr als 60 Zaubernüsse gesammelt. Komm Lori, wir müssen noch einmal zurück zur Leiter!"

←--- Geh zurück zu Seite 136 und rechne noch einmal nach!

AUF IN DEN DSCHUNGEL

Pepper hatte eine Weile gebraucht, bis sie die Nachricht entziffert hatte. Aber es gab keine Geheimschrift von Onkel Theo, die Pepper nicht irgendwann lesen konnte. Sie blickte nachdenklich aus dem Fenster und schob ihre roten Locken hinters Ohr. So richtig schlau wurde sie aus der Nachricht aber nicht. Welche Spur verfolgte Onkel Theo und warum brauchte er ihre Hilfe? Pepper schob die Gedanken beiseite, sie hatte keine Zeit dafür. Sie musste handeln und zwar schnell, bevor Tante Frieda zurückkam. Sie faltete die Anleitung zum Bau des Kompasses zusammen und stecke sie in die Hosentasche.

„Wir müssen los, Lori.“ Sie sprang entschlossen auf. „Ich hab zwar keine Ahnung warum, aber Onkel Theo braucht uns.“

Lori, die von ihrer Aufregung angesteckt wurde, sprang wie wild in ihrem Zimmer umher. Pepper holte ihren Rucksack vom Schrank und fing an zu packen. Fieberhaft dachte sie darüber nach, was sie wohl brauchte. Wechselklamotten, falls sie nass wurde, einen warmen Pullover, eine Taschenlampe mit Ersatzbatterien, ihren Notfallpack und natürlich Essen und Trinken. Im Notfallpack waren Pflaster, Verbandszeug, eine Pinzette, eine Schere und ein kleines Plastikfläschchen mit Jod, zum Desinfizieren von Wunden. Sollte sie besser ihren dünnen Schlafsack mitnehmen? Pepper wurde etwas mulmig zumute. Sie würde ihren Onkel doch hoffentlich am Fluss finden? Und den Schlafsack gar nicht brauchen. Andererseits war er ja auch schon zwei Nächte nicht zu Hause gewesen, also war es vermutlich doch besser, den Schlafsack mitzunehmen. Hastig stopfte sie ihre Sachen in den Rucksack. In eine Seitentasche legte sie das Päckchen von Onkel Theo und packte auch noch ihr Forscherbuch dazu. Pepper schrieb darin all ihre Entdeckungen und Abenteuer auf, die sie im Dschungel machte, Onkel Theo hatte auch so eins. Viele Tierarten und Pflanzen schmückten schon die Seiten, aber auch einige Experimente und Rätsel hatte sie sich notiert.

Pepper sah an sich hinunter. Shorts und Top waren sicher keine gute Idee für einen Marsch durch den Urwald. Sie schlüpfte in eine leichte, bequeme Hose, zog ein Langarmshirt an und entschied sich zum Schluss für die leichten Wanderschuhe. Ihren Hut steckte sie in den Rucksack. Man durfte nie ohne gehen. Das war eines der wichtigsten Kleidungsstücke im Dschungel. Dann hastete sie in die Küche und sichtete die Vorräte. Müsliriegel waren immer gut, genauso wie ein paar Kekse. Früchte würde sie draußen genug finden, die musste sie nicht mitnehmen. Um Lori brauchte sich Pepper nicht zu kümmern, sie fand immer irgendwo etwas zu essen, und wenn es nur Insekten waren. Hastig füllte sie zwei Wasserflaschen und verstaute diese ebenfalls im Rucksack. Etwas unentschlossen stand sie in der Mitte der Küche: Würde das reichen? Sie hatte immer einen Mordshunger. Schnell schnitt sie noch ein paar dicke Scheiben Brot ab, belegte sie mit Käse und verstaute alles in einer Box, die anschließend auch im Rucksack verschwand. Nun musste sie nur noch die Sachen für den Kompass einpacken. Sie schaute nochmals auf die Anleitung, auf die Onkel Theo auch alle Utensilien geschrieben hatte, die sie benötigte. Eine kleine Schüssel, einen Plastikdeckel und einen Kühlschrankmagnet fand Pepper in der Küche. Eine Nähnadel entdeckte sie in dem Handarbeitskästchen ihrer Tante. Jetzt musste sie nur noch schnell einen Zettel für Tante Frieda schreiben.

„Oh je, arme Tante Frieda!“ Bei dem Gedanken, sie so einfach zurückzulassen, wurde ihr ein bisschen flau im Magen. „Hoffentlich macht sie sich nicht so viele Sorgen um uns.“

Lori legte den Kopf schief und sah sie aufmerksam an, aus ihrem kleinen Mäulchen lugte noch ein Stück Käse, das sie gerade stibitzt hatte.

„Ach was.“ Pepper schnaubte. „Wir laufen jetzt zum Fluss und treffen dort Onkel Theo. Und dann gehen wir sofort zum Baumhaus zurück." Die Worte beruhigten sie nicht so sehr, wie Pepper gehofft hatte.

Sie schnappte sich Zettel und Stift von der Anrichte und schrieb:

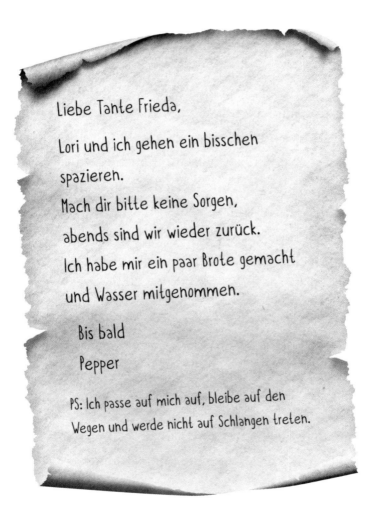

Liebe Tante Frieda,

Lori und ich gehen ein bisschen spazieren.
Mach dir bitte keine Sorgen,
abends sind wir wieder zurück.
Ich habe mir ein paar Brote gemacht
und Wasser mitgenommen.

Bis bald
Pepper

PS: Ich passe auf mich auf, bleibe auf den Wegen und werde nicht auf Schlangen treten.

Zufrieden legte sie den Stift beiseite, das sollte ausreichen, um ihre Tante etwas zu beruhigen. Jetzt konnte sie endlich los!

„Onkel Theo, wir kommen!“ Siegessicher schulterte Pepper ihren Rucksack und verließ das Baumhaus über die Leiter. Keine Sekunde zu früh, denn gerade kam Tante Frieda den Weg von der Farm entlang direkt auf das Baumhaus zu.

„Jetzt aber schnell“, flüsterte sie dem Äffchen zu und rannte los. Lori hielt sich mit beiden Ärmchen an ihrem Hals fest, als sie in den Dschungel liefen.

Ein riesiger Teil des Regenwaldes rund um das Baumhaus gehörte zum Amazonas-Forschungsinstitut, für das ihr Onkel und ihre Tante arbeiteten. Das hatte den Vorteil, dass es von Menschen angelegte Wege und kleine Pfade gab, auf denen man entspannt laufen konnte, auch wenn der Dschungel die Pfade manchmal schon fast wieder überwucherte. Außerhalb dieses Gebietes konnte sie nicht allein umherstreifen, denn die hohen Urwaldbäume nahmen viel Licht und das Unterholz war zum Teil zu dicht zum Laufen. Außerdem verlor man sehr schnell die Orientierung und das war gefährlich! Die kleinen Pfade rund um das Baumhaus kannte Pepper schon ganz gut, aber mit der Orientierung hatte sie trotzdem Probleme, denn alle Pfade sahen sich ziemlich ähnlich und ein Baum glich dem anderen.

Deshalb war es gut, dass Onkel Theo ihr beschrieben hatte, wie sie zum Fluss kam. Pepper nahm den Rucksack ab und setzte sich auf einen umgekippten Baumstamm. Sie breitete die Anleitung für den Kompass neben sich aus und befolgte die einzelnen Schritte:

Anleitung zum Bau eines Kompasses

Du brauchst:

- eine kleine Schale
- eine Nähnadel
- Plastikdeckel einer Getränkeflasche (von mindestens einem Zentimeter Höhe)
- einen Magnet (z. B. einen Kühlschrankmagnet)
- ausgeschnittene Kompassrose aus der Buchklappe

Bauanleitung:

1. Fülle eine Schale mit Wasser.
2. Klebe die Kompassrose auf die Öffnung des Deckels.
3. Setze den Plastikdeckel vorsichtig auf die Wasseroberfläche.
4. Reibe den Magnet mindestens 20-mal vom Kopf der Nadel bis zur Spitze.

5. Lege die Nadel vorsichtig auf die Kompassrose zwischen Norden (N) und Süden (S).
6. Wenn der Deckel zum Stillstand gekommen ist, hat sich die Nadel in Nord-Süd-Richtung ausgerichtet. Je nachdem, wie die Nadel magnetisiert worden ist, zeigt die Spitze oder der Kopf der Nadel nach Norden. Wenn du jetzt nicht weißt, wo Norden ist, tue Folgendes:
7. Stell dich mit dem Körper in Richtung Osten auf, also dorthin, wo am Morgen die Sonne aufgeht. Wenn du jetzt den linken Arm zur Seite streckst, zeigt er nach Norden.
8. Zum Abschluss klebst du die Nadel mit einem Klebestreifen fest, sodass das richtige Ende auf dem „N" liegt.

Der Kompass war schnell zusammengesetzt. Gespannt beobachtete Pepper, wie die Nadel mit dem Deckel langsam zum Stillstand kam.

„Da schau, Lori, dort ist Norden." Sie zeigte mit dem ausgestreckten Arm mitten in den Dschungel. „Wir müssen diesen Pfad nehmen. Das bekommen wir hin! Es ist jetzt genau 10 Uhr, um 12 Uhr sind wir am Flussufer und finden dann hoffentlich Onkel Theo."

Der Kummer von heute Morgen war verflogen, denn nun konnte Pepper endlich etwas tun. Und im Dschungel war es immer toll. Sie verstaute ihren Kompass vorsichtig. Wenn sie ihn brauchte, musste sie nur wieder etwas Wasser in die Schale füllen. Dann setzte sie ihren Rucksack auf und marschierte los.

Die erste Stunde lief Pepper fröhlich pfeifend und mit Lori plappernd durch den Dschungel. Sie war froh über das kleine Seidenäffchen auf ihrer Schulter, sonst hätte sie sich vielleicht etwas einsam gefühlt. Außerdem fiel es ihr schwer, den Mund zu halten, und Lori konnte sie alles erzählen, was ihr gerade in den Sinn kam. Aber eine Begleitung, die antworten konnte, wäre natürlich auch nicht schlecht gewesen. Hätte Pepper es sich aussuchen können, hätte sie am liebsten auch Raoni dabeigehabt. Sein Vater war ein Kollege von Onkel Theo im Amazonas-Forschungsinstitut. Der hochgewachsene Junge war fast zwei Jahre älter als Pepper und ab und an besuchten sich die Familien gegenseitig. Dann streiften die beiden Freunde gemeinsam durch den Dschungel, beobachteten Tiere und kletterten auf die verzweigten Äste der Urwaldbäume. Wie gerne dachte sie an die vielen Spaziergänge mit Raoni zurück. Mit ihm wurde es nie langweilig und sie konnten sich über alles Mögliche unterhalten. Pepper mochte Raoni und freute sich, dass dieser auch gerne Zeit mit ihr verbrachte. Zu ihrem Bedauern wohnte er aber auf der anderen Seite des Flusses, sodass sie sich nicht so häufig sahen.

Pepper blieb stehen und streckte sich. Nach einiger Zeit wurde der Rucksack auf ihrem Rücken immer schwerer, obwohl sie gar nicht viel dabeihatte. Das Klima im Regenwald war schon anders als zu Hause. Wie jeden Tag war es heiß, drückend und schwül. Die Luft war voller Feuchtigkeit, sodass Pepper nicht so gut atmen konnte, vor allem mit dem schweren Gepäck. Die hohe Luftfeuchtigkeit war ein Problem im Dschungel, alles fühlte sich immer irgendwie feucht an und die Klamotten klebten ihr inzwischen nass am Körper. Bäh! Pepper verzog das Gesicht.

Aber obwohl es warm und schwül war, liebte sie es, durch den Dschungel zu streifen. Die Luft war voller Blütenduft von den zahlreichen blühenden Pflanzen, die es hier gab. Einige wuchsen hoch oben auf den Baumriesen des Regenwaldes, denn unten auf dem Boden kam nicht so viel Licht an, wie sie zum Gedeihen brauchten. Die Baumriesen waren die größten Bäume im Urwald und überragten alles andere. Kleinere Pflanzen strebten nach oben und hangelten und rankten sich an den Bäumen empor. Das sah lustig aus, fand Pepper, wie ein wildes Gewirr aus ineinander verschlungenen Tauen. Und dann erst die Geräusche! Das Gezwitscher von zahlreichen kleinen Vögeln; Wasser, das unablässig von irgendwo herabtropfte; ab und an der markante Schrei eines Affen oder das Kreischen der Papageien. Stundenlang konnte sie im Dschungel sitzen und einfach nur den Geräuschen lauschen. Aber heute hatte sie es ja eilig und merkte schon, dass sie nicht so schnell vorankam, wie gehofft.

„Puh“, sagte sie zu ihrem Äffchen. „Ich brauche erst mal was zu trinken und einen Keks.“

Die beiden machten eine kurze Pause und stärkten sich mit Keksen und Wasser. Lori liebte Kekse und versuchte, Pepper einige aus der Hand zu klauen.

„He, du freches Äffchen", rief Pepper lachend. „Lass das!"

Aber Lori hatte sich bereits einen Keks geschnappt und futterte ihn zufrieden, außer Reichweite, auf einem Ast.

Pepper zog noch einmal den Kompass zurate.

„Weißt du was, Lori? Wir nehmen eine kleine Abkürzung, der Weg verläuft jetzt in einer Kurve, ich bin ihn schon öfter mit Onkel Theo bis zum Fluss gelaufen. Wenn wir nach Norden mitten durch das Dickicht gehen, können wir vielleicht ein bisschen Zeit sparen."

Sie schulterte den Rucksack und machte sich auf den Weg durchs Unterholz, aber Lori fing auf der Stelle an zu kreischen.

„Hör auf zu meckern, Lori, ich weiß schon, was ich tue!"

Verbissen stapfte sie durch das dichte Unterholz, aber nach kurzer Zeit gab sie auf. Mit dem Rucksack auf dem Rücken war es fast unmöglich. Ständig blieb sie irgendwo hängen und das Laufen war noch anstrengender als auf dem Pfad. Also zurück. Sie drehte sich um und merkte schon, dass sie Mist gebaut hatte. Von wo war sie eigentlich gekommen? Alles sah gleich aus, aber egal, schließlich konnte der Weg nicht weit weg sein. Sie kämpfte sich durch dichtes Gestrüpp, bog Schlingpflanzen zur Seite und wich sumpfigen Löchern aus. War sie hier schon mal entlanggekommen? Dann scheuchte sie aus Versehen eine Gruppe kleiner, bunter Papageien auf, die im Baum über ihr saßen. Beim Weiterlaufen sah sie ihnen nach und achtete nicht auf den Boden. Auf einmal stolperte sie und plötzlich ging alles ganz schnell. Ein merkwürdiges schnarrendes Geräusch war zu hören. Die Beine wurden unter ihrem Körper weggerissen und sie fiel – aber nicht nach unten, sondern sie wurde hochgerissen! Etwas sehr raues und enges umschloss ihren Körper und Pepper schaukelte hin und her. Im ersten Moment wusste sie nicht, wo oben und unten war, und sie hörte sich selbst entsetzt aufschreien.

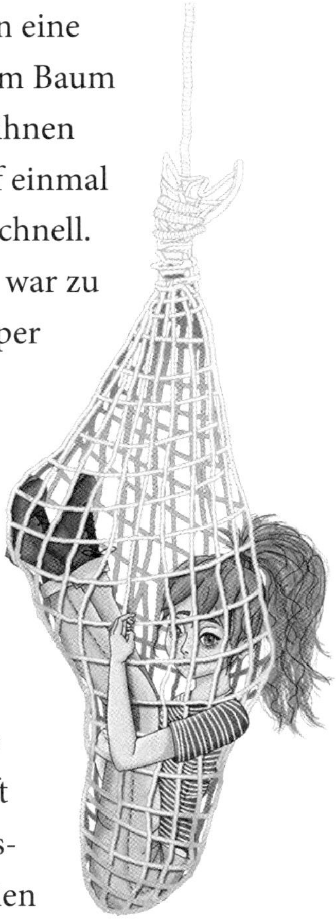

„Ganz ruhig bleiben, Pepper", ermahnte sie sich selbst. Sie holte erst einmal tief Luft und fühlte in ihren Körper. Sie war ein bisschen durchgeschüttelt, aber ansonsten schien alles in Ordnung zu sein.

Nach dem ersten Schock begriff Pepper: Sie war in eine Netzfalle geraten, die jemand abseits vom Weg angebracht hatte. Als sie auf das Netz getreten war, wurde ein Mechanismus in Gang gesetzt. Das Netz hatte sich geschlossen und schnellte gleichzeitig an dem biegsamen Baum hoch, an dem es befestigt war. Und hier baumelte sie nun, gut einen Meter über dem Boden. Ihr kleines Äffchen hing von außen an dem Netz, jammerte leise vor sich hin und streckte sein Ärmchen durch die Lücken, um sie zu berühren.

„Welcher Idiot hat denn hier eine Falle aufgestellt!" Peppers Schreck wich der Wut.

Ja, wer hatte hier nur diese Falle aufgestellt? Die Wissenschaftler vom Forschungsinstitut fingen auch manchmal Tiere, um ihnen dann beispielsweise Sender anzuheften. Mit den Sendern konnten die Tiere geortet werden, dabei fand man einiges über die Lebensweise der Wildtiere heraus. Aber sie hatte noch nie davon gehört, dass die Wissenschaftler Netze benutzten. Dann konnte es sich eigentlich nur noch um Wilderer handeln. Onkel Theo hatte von ihnen erzählt. Sie fingen die Tiere, um sie als Haustiere in andere Ländern weiterzuverkaufen. Eine böse Sache war das, denn Wildtiere eigneten sich so gar nicht als Haustiere.

Sie durfte nicht vergessen, ihrer Tante und ihrem Onkel von der Falle zu erzählen, aber jetzt musste sie sich erst einmal aus dieser misslichen Lage befreien. Das Netz war glücklicherweise groß genug, sodass Pepper sich hinstellen konnte, auch wenn das eine etwas wackelige Angelegenheit war. Doch sie schaffte es, mit ihren Füßen auf den Seilen des Netzes zu balancieren. Dann griff sie links an ihre Hüfte, löste den Verschluss über ihrem Buschmesser und zog es heraus. Auf dieses Messer war sie mächtig stolz, es war ein Geschenk von ihrer Tante und ihrem Onkel zum letzten Geburtstag gewesen. Die beiden hatten darauf bestanden, dass sie es immer trug, wenn sie im Dschungel unterwegs war. Jetzt war sie verdammt froh, es dabeizuhaben, und sie machte sich sofort daran, die Seile des Netzes zu durchtrennen. Schnell stellte sie fest, dass das gar nicht so einfach war, weil das Netz bei jeder Bewegung hin und her schaukelte. Verbissen säbelte Pepper an dem Tau herum, als sie plötzlich abrutschte und ihr das Messer aus der schweißnassen Hand fiel.

„Oh nein!", entfuhr es Pepper.

Das Messer war auf den Boden unter ihr gefallen. Pepper kniete sich im Netz hin und versuchte, durch die Maschen hindurch das Messer zu ergreifen, aber es war aussichtslos, ihr Arm war zu kurz. Nach mehreren vergeblichen Versuchen gab sie entmutigt auf. Sie würde hier niemals herauskommen und wahrscheinlich verdursten! Dann bemerkte sie eine kleine Hand, die tröstend ihr Gesicht streichelte.

„Lori!", rief Pepper und Hoffnung durchflutete sie. „Du musst mir helfen. Da unten liegt mein Messer und ich komme nicht ran. Du musst es mir hochbringen!" Sie schaute ihrem Äffchen eindringlich in die Augen und zeigte auf das Messer am Boden. Lori schnatterte aufgeregt, schaute abwechselnd Pepper und das Messer auf dem Boden an.

„Lori, hol mir das Messer, bitte", flehte Pepper und endlich schien der Affe begriffen zu haben. Lori ließ sich auf den Boden fallen und hob das Messer auf.

„Ja, prima, Lori", feuerte Pepper sie an. Aber das Messer war groß und schwer, Lori hingegen nur ein Leichtgewicht unter den Affen. Sie schaffte es nicht, mit dem Messer auf das Netz zu springen. Schließlich streckte Pepper, so weit es ging, ihren rechten Arm herunter. Lori hielt das Messer hoch und endlich bekam Pepper es zu greifen. Erleichterung breitete sich in ihr aus.

„Bravo, Lori, du bist der beste und klügste Affe überhaupt!"

Sichtlich stolz drehte sich Lori wie ein Kreisel um die eigene Achse.

So, dieses Mal würde sie es aber schlauer anstellen. Pepper zog das Seil aus der Hose, das sie wie einen Gürtel trug, schlang es sich ums Handgelenk und befestigte das andere Ende am Griff des Messers. Anschließend durchtrennte sie mühsam das Seil, mit dem das Netz am Baum befestigt war, und landete mit einem Rums ziemlich unsanft auf der Erde.

„Autsch! Verdammte Waldfee!", fluchte sie.

Doch nun hatte sie wieder festen Boden unter den Füßen und mit ein bisschen Zerren und Ziehen konnte sie das Netz oben öffnen und endlich herausklettern.

„Puh, das wäre geschafft", sagte sie erleichtert zu Lori, die sofort in ihre Arme sprang. Pepper drückte und knuddelte das kleine Äffchen, das sich eng an sie schmiegte.

„So, Lori, wir müssen jetzt dringend zurück auf den Weg. Weißt du, wo wir lang müssen?" Sie setzte das Äffchen auf den Boden und gab ihm einen kleinen Schubs. Lori kletterte ein Stück auf einen Baum und hangelte sich dann von Ast zu Ast. Pepper hatte Schwierigkeiten, mit dem Äffchen Schritt zu halten. Aber es dauerte gar nicht lange und sie waren wieder auf dem sicheren Pfad. Ab jetzt würde sie nicht mehr so dumm sein, Abkürzungen nehmen zu wollen!

Nach einer weiteren Stunde zu Fuß kamen sie endlich am Flussufer an. Erschöpft ließ Pepper den Rucksack von den Schultern gleiten, zog Schuhe und Strümpfe aus, setzte sich auf einen Stein am Ufer und ließ die Beine ins Wasser baumeln. Das war erfrischend!

Nun schaute sie sich um, von Onkel Theo war nirgends eine Spur zu entdecken. Als sie sich etwas erholt hatte, stand sie auf und sah sich genauer um. Menschen waren nicht zu sehen, aber dafür Schleifspuren am Ufer, die aussahen, als hätte jemand ein Boot ins Wasser geschoben. Daneben waren auch die Pflanzen niedergedrückt, als hätte dort etwas Schweres gestanden, merkwürdig! Wo war bloß Onkel Theo, sie sollte doch hierherkommen? Suchend lief sie am Ufer auf und ab. Sie war schon öfter mit ihrem Onkel hier gewesen. Dann saßen sie oft auf ihrem Lieblingsstein und schauten auf den Fluss, einem schmalen Seitenarm des Amazonas. Sie setzte sich auf den Stein und blickte wehmütig aufs Wasser. Da sah sie in einem Gestrüpp neben dem Stein etwas Gelbes aufleuchten, das ihr bekannt vorkam. Sah aus wie das gelbe Wachstuchpäckchen, das sie aus Heidis Terrarium geholt hatte! Schnell rutschte sie vom Stein herunter und hob das gelbe Etwas aus dem Gestrüpp auf. Es war tatsächlich ein weiteres Päckchen und wieder stand ihr Name darauf! Sie drehte es nachdenklich in den Händen. Das Wachstuch musste vom Überzug für Onkel Theos Rucksack stammen. Der Überzug lag meist zusammengefaltet in einer Seitentasche. Bei Regen konnte man ihn dann über den Rucksack stülpen, damit dieser nicht nass wurde.

Geschickt öffnete Pepper das Päckchen und zum Vorschein kam ein in Blätter gewickeltes rohes Ei, eine kleine Packung mit Salz und eine weitere Nachricht von ihrem Onkel. Sie war hastig auf ein Blatt Papier gekritzelt, das aussah, als hätte Onkel Theo es aus seinem Forscherbuch gerissen. Ohne das Forscherbuch ging er nie aus dem Haus, damit er seine Beobachtungen im Dschungel sofort notieren konnte.

Liebe Pepper,

leider kann ich hier nicht auf dich warten.
Im Dschungel geht Seltsames vor. Ich will auf keinen Fall, dass Informationen in die falschen Hände geraten.
Ich weiß, dass du sehr klug bist, und ich weiß, wie sehr du Experimente liebst. Deswegen verschlüssele ich alle meine Botschaften mit Rätseln und Experimenten. Die kann nicht jeder lösen. Folge meinen Nachrichten, Pepper.
Aber bitte sei unbedingt vorsichtig! Du musst auch das folgende Experiment durchführen, damit du weißt, welchen Weg du als nächstes gehen musst. Ich hoffe nur, ich irre mich und deute die Zeichen falsch ...

Dein Onkel Theo

Du brauchst:

- ein hohes Glas
- Wasser
- Salz
- einen Esslöffel
- ein rohes Ei

So geht's:

1. Fülle das Glas zu Dreivierteln mit Wasser.
2. Lege das Ei ins Wasser und beobachte, was passiert!
3. Hole das Ei wieder heraus.
4. Gib 2 Esslöffel Salz ins Wasser und rühre so lange um, bis sich das Salz aufgelöst hat.
5. Lege jetzt das Ei wieder ins Wasser und beobachte, was passiert!

Was passiert?

---> In reinem Wasser sinkt das Ei auf den Boden, im Salzwasser dagegen schwimmt es an der Oberfläche. Dann überquere den Fluss. Lies auf Seite 45 weiter.

---> Das Ei sinkt in beiden Fällen auf den Boden, egal ob es reines Wasser oder Salzwasser ist. Dann laufe weiter den Fluss entlang Richtung Norden. Lies auf Seite 91 weiter.

IN DEN BAUMWIPFELN IST ES GEFÄHRLICH!

Trotz der rätselhaften, gehetzten Nachricht ihres Onkels war Pepper von neuer Kraft erfüllt. Sie musste nur den Weg am Wasser entlanggehen, dann würde sie bald zu der Leiter kommen, die zu den Hängebrücken hinaufführte. Sie war gut gelaunt und pfiff beim Laufen vor sich hin. Ein wunderschöner blauer Schmetterling flog dicht an ihrem Kopf vorbei, als er Lori auswich, die versuchte, ihn zu ergreifen und dabei fast von ihrer Schulter fiel.

„Geschieht dir recht", sagte Pepper lachend.

Sie freute sich heute auf den Weg, sie liebte die Hängebrücken, die hoch oben durch die Wipfel der großen Bäume führten. Jeweils am Anfang und Ende des Weges gab es eine Aussichtsplattform, die durch mehrere hintereinander befestigte Hängebrücken miteinander verbunden waren. Die einzelnen Hängebrücken waren in den Kronen der höchsten Bäume festgemacht.

Der Ausblick vom Dach des Regenwaldes war einfach umwerfend und man konnte sehr weit schauen. Hier gab es Pflanzen und Tiere, die man von unten nicht sah. Die

Hängebrücken wurden eigentlich von den Forschern benutzt, aber manchmal wurden auch Touristengruppen darüber geführt, damit diese einen besseren Eindruck von der Schönheit des Dschungels bekamen.

Onkel Theo hatte ihr einmal die Notwendigkeit erklärt, warum so viele Menschen wie möglich verstehen sollten, wie wichtig es war, den Regenwald zu schützen. Er war gewissermaßen die grüne Lunge der Welt. Hier wurden große Teile des Sauerstoffes produziert, die wir zum Leben brauchen.*

* Mehr über den Amazonas-Regenwald kannst du in Peppers Forscherbuch im Anhang ab Seite 172 nachlesen!

Dass dieser wunderbare Urwald nicht abgeholzt werden durfte, war auch für Pepper eine Herzensangelegenheit.

Die Sonne knallte nun erbarmungslos auf sie nieder und Pepper musste etwas langsamer gehen. Oben auf der Hängebrücke würde es besser werden, hoffte sie, denn meistens wehte dort ein kleines Lüftchen. Zwischendurch pflückte Pepper noch ein paar erfrischende essbare Beeren und stopfte sie sich in den Mund.

Sie konnte die Leiter bereits sehen, als wie aus dem Nichts ein markerschütterndes Brüllen einsetzte, das aus verschiedenen Richtungen zu kommen schien. Pepper machte erschrocken einen Satz zur Seite und schlüpfte unter einen Busch am Wegesrand. Lori wurde völlig panisch und versteckte sich unter Peppers weitem Shirt. Nur Max schien unbeeindruckt. Er saß auf einem Ast und schaute zu ihnen hinunter. Das war ja ein scheußliches Brüllen. Hoffentlich galt es nicht ihnen? Als der erste Schreck vorbei war und kein Tier in Sicht kam, das sie bedrohte, lugte Pepper aus dem Busch hervor und beäugte skeptisch die Umgebung. Und dann sah sie eine Gruppe von Affen, die weit über ihnen in den Baumkronen saßen und die Mäuler zum Brüllen weit aufgerissen hatten. Pepper fiel ein Stein vom Herzen.

„Ach, Leute“, sagte sie, während sie versuchte, Lori wieder ans Tageslicht zu befördern, was ihr misslang. „Das sind nur rote Brüllaffen, die hier so einen Lärm veranstalten. Machen ihrem Namen mal wieder alle Ehre.“

Brüllaffen schrien einfach so laut, um ihr Revier zu markieren. Es waren schöne Tiere, relativ große Affen mit langem rotem Fell, die in kleinen Gruppen zusammenlebten. Wahrscheinlich galten die Laute gar nicht ihnen, aber der armen Lori hatten sie einen mächtigen Schrecken eingejagt. Das Seidenäffchen zitterte und blieb erst einmal in seinem sicheren Versteck unter Peppers Shirt sitzen. Bald hörte das laute Geschrei auf und es erklangen wieder die gewohnten Geräusche des Dschungels. Die großen Affen setzten sich geräuschvoll in Bewegung und hangelten sich von Ast zu Ast, bis sie außer Sicht waren, was ein toller und majestätischer Anblick war.

„So, jetzt müssen wir aber los." Pepper kroch aus dem Gebüsch und klopfte sich Erde von der Hose.

Sie machte sich daran, die lange Leiter zu erklimmen, um auf die Aussichtsplattform, die an einem hohen Baum befestigt war, zu gelangen. Von dieser ging die erste Hängebrücke ab. Lori hüpfte von ihrer Schulter und kraxelte behände die Sprossen hoch. Sonst war das Klettern kein Problem für Pepper, aber der Rucksack machte die ganze Sache doch beschwerlicher. Sprosse um Sprosse stieg Pepper höher, zum Glück war sie schwindelfrei! Sie kam an den unterschiedlichsten Pflanzen vorbei, die die Baumriesen im Urwald besiedelten, um näher am Licht zu sein. Pflanzen, die aussahen, als hätten die Bäume lange Bärte, gefielen ihr besonders gut. Aber auch die Bromelien mit ihren bunten Blüten mochte sie. Einmal hielt sie inne, um einen wunderschönen roten Schmetterling zu beobachten, ein anderes Mal um einem Kolibri dabei zuzuschauen, wie er seinen langen Schnabel flatternd in eine Blüte steckte. Immer wieder staunte sie über die Vielzahl an Tieren und Pflanzen, die es hier gab.

„Puh, war das anstrengend", stöhnte Pepper, als sie endlich oben ankam. Lori hingegen hatte der Aufstieg überhaupt nicht angestrengt und Max war einfach geflogen.

Pepper ließ sich auf die Aussichtsplattform am Anfang der Hängebrücke sinken und trank durstig aus ihrer Wasserflasche. Danach machte sie sich auf den Weg über die Brücken. Rechts und links gab es Seile zum Festhalten und der Boden bestand aus Holzplanken, die aneinandergesetzt waren. Schon bei den ersten Schritten begann die Brücke hin und her zu schwanken und Pepper war froh über die Seile, an denen sie sich festhalten konnte. Onkel Theo hatte ihr geraten, besser nicht nach unten zu schauen, aber sie konnte es einfach nicht lassen. Wow, war das tief! Beim Herunterschauen bekam sie immer ein flaues Gefühl im Magen, aber der Nervenkitzel reizte sie auch. Die aneinandergereihten Hängebrücken waren ganz schön lang, wahrscheinlich würde sie fast zwanzig Minuten bis zum Ende brauchen. Beim Laufen genoss Pepper die Aussicht auf die Baumwipfel und die Weite des Urwalds. Nur die Sonne brannte unbarmherzig auf sie herab und Pepper war froh, dass sie ihren Hut mitgenommen hatte. Das Schwanken der Brücke erinnerte sie an das Schaukeln eines Schiffes bei starkem Seegang, irgendwie lustig. Sie war so vertieft ins Laufen, dass sie die Gefahr erst bemerkte, als es schon zu spät war. Eine Horde Kapuzineraffen hatte sich ihnen unbemerkt rücklings genähert und kreiste Pepper und ihre Begleiter lautstark ein. Ehe sie sich versahen, waren sie von den Affen umringt: Vor ihnen, neben ihnen und hinter ihnen saßen die Tiere und kreischten sie an. Ein Affe war besonders frech, er hielt sich mit seinem langen Schwanz an einem Ast fest und angelte kopfüber nach Peppers Hut.

„Lass das!", schrie Pepper das Äffchen an, als es ihr gerade den Hut vom Kopf reißen wollte. Erst im letzten Augenblick bekam sie ihre Kopfbedeckung wieder zu fassen.

„Verdammte Waldfee", fluchte Pepper, „haut ab!"

Die Kapuzineraffen zeigten sich davon allerdings wenig beeindruckt, sie waren Menschen gewöhnt. Touristen fütterten die Affen oft, was dazu führte, dass diese ihre Scheu verloren und alle Menschen nachdrücklich um Futter anbettelten. Kapuzineraffen waren zwar nicht so groß wie die Brüllaffen, traten aber immer in Horden auf und man musste aufpassen, dass sie einen nicht mit ihren scharfen Zähnen bissen. Außerdem waren Kapuzineraffen sehr intelligent, Pepper musste also auf der Hut sein. Max hatte sich aus dem Staub gemacht, aber Lori war tapfer an ihrer Seite geblieben. Lori entblößte ihre messerscharfen Zähne und richtete sich drohend auf, woraufhin ein Kapuzineraffe, der sich schon vorgewagt hatte, wieder ein bisschen nach hinten rutschte. Pepper suchte fieberhaft nach einem Ausweg. Sie wollte sich nicht mit der Bande anlegen, aber es sah so aus, als würden die Affen sie nicht vorbeilassen. Hastig riss Pepper sich den Rucksack von den Schultern und kramte den Rest der Kekse hervor. Sie warf einzelne Krümel so weit sie konnte hinter sich auf die Brücke und die Affen stürzten kreischend los. Lori biss nach einem Affen, der Pepper die Packung aus der Hand reißen wollte, und schimpfend zog sich dieser zurück. Pepper stürmte mit dem Rucksack in der Hand in die entgegengesetzte Richtung weiter, aber die paar Kekskrümel waren schnell vertilgt und die Kapuzineraffen nahmen die Verfolgung auf. Die ersten hatten sie bereits erreicht, als Pepper wieder ein paar Krümel hinter sich warf und weiterrannte, so schnell wie das auf der wild schwankenden Brücke möglich war.

„Wir schaffen das nicht!“, schrie Pepper Lori atemlos zu „Wo zum Teufel steckt eigentlich Max?“

In diesem Moment hörte sie in der Luft ein Rauschen und eine ganze Gruppe Tukane schwebte herbei, allen voran Max. Die großen Vögel veranstalteten einen unglaublichen Lärm und gaben ihr Bestes, die Kapuzineraffen von Pepper abzulenken. Sie hüpften laut kreischend zwischen den Affen umher, flatterten um ihre Köpfe und bewarfen sie mit Beeren. Völlig verdutzt über den unerwarteten Angriff, wichen die Affen aus und versuchten, mit ihren kleinen Händen die Beeren abzuwehren oder ergriffen sofort die Flucht.

„Max, du bist der Größte!" Pepper rannte jubelnd weiter. Die Brücke wackelte unter ihren schnellen Schritten wie wild hin und her und sie musste aufpassen, dass sie nicht stürzte. Nach einer Weile blieb sie außer Atem stehen und schaute sich um. Zum Glück wurde sie nicht mehr von der Affenbande verfolgt. Sie konnte endlich wieder langsamer gehen, denn sie hatte überhaupt keine Puste mehr, dafür aber Seitenstechen und das Herz schlug ihr bis zum Hals. Das letzte Stück bis zum Abstieg konnten Pepper und Lori glücklicherweise unbehelligt fortsetzen. Max war ihnen allerdings nicht mehr gefolgt.

Sie mochte den Amazonas-Regenwald sehr, aber langsam hatte Pepper die Nase voll von der Jagd quer durch den Dschungel. Sie konnte sich immer noch keinen Reim darauf machen, was das Ganze eigentlich sollte. Der schnelle Aufbruch und das Verschwinden des Onkels, die verschlüsselten Nachrichten an sie – was konnte das nur bedeuten? Warum schrieb ihr Onkel nicht einfach, worum es ging? Die letzte Botschaft hatte äußerst eindringlich geklungen. Ihr Onkel wusste nicht, was noch passieren würde … Irgendetwas wirklich Schlimmes musste im

Gange sein, sonst würde er nicht solche Nachrichten an sie schreiben! Und dann diese merkwürdigen Spuren und das Boot, das sie im Gebüsch gefunden hatte. Da mussten doch irgendwelche anderen Menschen mit im Spiel sein. Jetzt fiel ihr auch die Falle wieder ein, in die sie geraten war. Vielleicht hatte sie auch etwas damit zu tun. Waren vielleicht tatsächlich Wilderer in der Gegend? Pepper stockte der Atem. Sie wusste, dass Wilderer ein ernstes Problem darstellten. Es waren gefährliche und gemeine Menschen, vor denen man sich in Acht nehmen musste!

Endlich erreichte sie das Ende der Brücken und die abschließende Aussichtsplattform. Pepper machte sich vorsichtig an den Abstieg über die Leiter. Hinunterzusteigen fand sie viel schwieriger als hinaufzuklettern, man musste mit den Füßen zuerst nach der nächsten Sprosse tasten und konnte nur schlecht sehen. Ihr wurde immer ein bisschen schwindelig, wenn sie an die Höhe dachte, auf der sie sich befand. Der Rucksack erschwerte den Abstieg zusätzlich und zog sie immer ein wenig nach hinten, weg von der Leiter. Sprosse um Sprosse stieg sie in die Tiefe, bis sie auf einmal ins Leere trat und fast abrutschte. Ihr rechter Fuß tastete verzweifelt hin und her – aber da war nichts! Vorsichtig blinzelte sie nach unten und erstarrte, denn die nächsten zwei Stufen fehlten! Es sah aus, als hätte sie jemand mit Gewalt herausgerissen, das frisch gesplitterte Holz war noch zu sehen.

Pepper seufzte. „Kann denn heute nicht einmal was glattlaufen!"

Im ersten Moment des Schrecks wollte sie nur noch umdrehen, aber dann besah sie sich die Sache genauer. Zwei Sprossen waren gar nicht so viel: Wenn sie sich an der letzten mit beiden Händen festhielt und ihren Körper nach unten hängen ließ, könnte sie die nächste intakte Sprosse mit den Füßen erreichen. Sie war wirklich gut im Klettern, andererseits war sie noch ziemlich weit oben – wenn sie abrutschte, würde sie möglicherweise sehr tief stürzen. Pepper erschauderte, jetzt war sie schon so weit gekommen und nun das! Zweifelnd sah sie nach unten, als Lori locker an ihr vorbeikletterte. Pepper pustete etwas Luft aus. „Ich schaff das schon", sprach sie sich selbst Mut zu. Mit zusammengebissenen Zähnen umfasste sie mit beiden Händen den letzten Holm und ließ sich langsam nach unten gleiten. Sie wackelte hin und her und vermied es, runterzuschauen. Jetzt nur nicht die Nerven verlieren, ermahnte sie sich. Sie hing mit ausgestreckten Armen hoch über dem Erdboden und tastete mit den Füßen nach der rettenden Sprosse. Da, endlich fühlte sie Halt und setzte vorsichtig beide Füße darauf. Sie hatte es fast geschafft, mit den Armen griff sie jetzt seitlich und tastete sich langsam tiefer, bis sie fast in der Hocke war. Und dann war alles ganz einfach: Sie konnte einen Fuß auf die nächste Sprosse setzen, um dann ungehindert weiter nach unten zu steigen.

Als sie endlich wieder festen Boden unter den Füßen hatte, schlug ihr Herz so schnell wie noch nie und sie hatte weiche Knie.

Aber Pepper war auch stolz darauf, diese gefährliche Situation so gut gemeistert zu haben. Sie und Lori machten eine kurze Verschnaufpause und teilten sich einen Müsliriegel. Pepper trank gierig aus ihrer Wasserflasche und Lori trieb noch ein paar Beeren auf, von denen sie Pepper welche abgab. Nun mussten sie nur noch die nächste Nachricht finden. Auf dem Suchbild hatten sich acht Insekten versteckt, das sollte irgendwie bei der Suche helfen. Ratlos schaute sie sich um. Am Ende der Leiter gab es nur Gestrüpp, Büsche und Bäume, alles stand wild durcheinander, da konnte man gar nichts abzählen. Aber zählen war vielleicht das Stichwort, also, was *konnte* sie hier abzählen? Pepper drehte sich einmal um die eigene Achse und ließ ihre Augen aufmerksam umherschweifen. Ihr Blick blieb an der Leiter hängen! Aufgeregt zählte sie bis zur achten Sprosse und tastete diese mit erhobenen Armen ab.

„Ich hab es!“, rief sie triumphierend aus.

Unter der achten Sprosse war ein kleines gelbes Päckchen gut versteckt festgebunden, das Pepper jetzt mit ihrem Messer loslöste.

Geschickt wickelte sie es aus und hielt endlich die nächste Nachricht des Onkels in den Händen:

Meine liebe Pepper,

es tut mir wirklich sehr leid, dass ich dir einen so langen, gefährlichen Marsch durch den Dschungel zumute! Das hat einen wichtigen Grund, sonst würde ich das niemals tun. Ich darf jetzt nicht umkehren oder auf dich warten. Ich muss sofort wieder los. Letzte Nacht habe ich schon ein weiteres Rätsel für dich vorbereitet. Löse es, damit du weißt, wo ich hingegangen bin. Bitte folge mir so schnell es geht – aber Pepper, sei ab jetzt besonders wachsam!

Dein Onkel Theo

PS: Und hier noch ein Hinweis, wie du den richtigen Weg findest: Die Anzahl der Zaubernüsse entspricht der Entfernung in Metern bis zum Abzweig, den du nehmen musst. Ist die Anzahl gerade, musst du den linken Abzweig nehmen, ist sie ungerade, den rechten.

Rätselgeschichte

Das kleine Äffchen Marie ist krank. Tante Frieda macht sich auf den Weg, um auf einer magischen Lichtung im Dschungel Zaubernüsse zu ernten. Sie braucht drei Stunden, bis ihr Körbchen randvoll gefüllt ist. Nun macht sie sich auf den beschwerlichen Heimweg.

Es dauert nicht lange und eine kleine Affenbande fällt über Tante Frieda her. Sie wirft ihnen die Hälfte ihrer Nüsse zu, damit sie weitergehen kann.

Sie kämpft sich durch das Gestrüpp und sieht auf einmal ein geschwächtes Jaguarjunges am Boden liegen. Mitleidig gibt sie ihm die Hälfte der Nüsse aus ihrem Korb, damit es wieder zu Kräften kommt.

Inzwischen ist es schon fast dunkel geworden. Auf einmal stolpert sie über eine Wurzel und die Nüsse fallen aus dem Korb auf den Boden. Im dichten Gestrüpp findet sie nur noch die Hälfte der Nüsse wieder.

Als sie endlich auf der Tierfarm angekommen ist, hat sie noch zehn Zaubernüsse in ihrem Körbchen. Das Äffchen Marie isst sie alle auf und wird wieder gesund.

Wie viele Zaubernüsse hat Tante Frieda auf der Lichtung gesammelt und in ihren Korb gelegt?

---> Waren es weniger als 60 Nüsse? Dann bin ich auf dem Weg zu dem riesigen alten Mammutbaum. Lies auf Seite 103 weiter.

---> Waren es mehr als 60 Nüsse? Dann bin ich auf dem Weg zum Wasserfall. Lies auf Seite 61 weiter.

AMEISENBÄREN SIND NICHT SCHLAU – ABER MUTIG!

Pepper schaute auf die Lösung, also sollte sie auf der Lichtung übernachten. Das war vielleicht auch besser so, denn den Rückweg hätte sie wohl kaum noch im Hellen geschafft. Pepper sah sich um: Die Lichtung war eigentlich ein schöner Ort. Bei dem Gedanken, hier zu übernachten, wurde ihr allerdings etwas flau im Magen. Sie hatte zwar schon öfters im Dschungel übernachtet, aber noch nie ganz allein. Sie musste einen geeigneten Schlafplatz finden und auch ein bisschen Nahrung für ihr Abendessen, die Brote hatte sie bereits alle verputzt. Pepper ließ ihren Blick umherschweifen, wo sollte sie ihren Schlafsack hinlegen? Bei dem Gedanken, auf dem Boden zu schlafen, war ihr nicht wohl. Dort war es noch feucht vom Regen und viele nachtaktive Tiere liefen im Dunkeln über die Lichtung. Besser sie suchte sich einen Platz auf einem Baum. Pepper streifte über die Lichtung und besah sich die Bäume von unten. Bei ihrer Suche kam sie an einem Mangobaum vorbei und nahm sich vor, später ein paar Früchte für ihr Abendessen zu pflücken. Es war gar nicht so leicht, einen geeigneten

Baum zu finden. Der Schlafplatz durfte nicht zu hoch sein, sonst würde sie nicht raufklettern können, und er musste breit genug für ihren Schlafsack sein. Zum Glück waren die Bäume hier riesig und kräftig. Beim fünften Baum wurde sie fündig, zwei breite Äste wuchsen fast parallel aus dem Stamm heraus. In der Mitte war nur ein schmaler Spalt, den konnte sie mit Blättern abdecken. Die Äste waren auch nicht zu hoch, sie würde dort gut heraufkommen. „Hier werden wir schlafen!", rief sie erleichtert aus. „Jetzt müssen wir es nur noch ein bisschen gemütlicher machen."

Pepper zog ihr Messer aus der Scheide und machte sich auf die Suche nach geeignetem Material, um ihr Bett auszupolstern. Nicht nur die Bäume, alle Pflanzen im Urwald waren im Vergleich zu den Pflanzen zu Hause riesengroß! Daher dauerte es nicht lange, bis sie ausreichend große Blätter von Monstera-Pflanzen und Farnen abgeschnitten hatte. Nur der Transport zum Schlafbaum war anstrengend. Lori sprang ausgelassen um sie herum und Pepper musste aufpassen, nicht über das kleine Äffchen zu stolpern. Max saß auf dem Baum und schaute interessiert zu. Pepper stemmte die Blätter nach oben und legte diese wie eine Matte auf die Äste. Das sah schon ganz gut aus, nur ein bisschen weicher könnte es noch werden, ihre Isomatte hatte sie nämlich zu Hause gelassen. Also machte sie sich noch einmal auf den Weg und suchte nach weichem Pflanzenmaterial. Ein bisschen Moos war schnell gefunden. So mussten sich Vögel fühlen, die ihr Nest auspolsterten.

Anschließend legte sie ihren Schlafsack auf die selbstgebaute Matratze und betrachtete zufrieden ihr Werk. Hier würde sie schlafen können.

Pepper bemerkte, dass die Sonne immer tiefer sank. Jetzt musste sie sich mit der Suche nach Essen aber beeilen, im Dschungel wurde es früh und schnell dunkel. Viel brauchte sie ja nicht, aber ein bisschen Obst wäre lecker. Da fiel ihr der wilde Mangobaum wieder ein, von dem sie schon früher einmal Früchte geholt hatte. Sie wusste noch, wo er stand, und lief schnell hin. Dann kletterte sie in den Baum und schnitt sich einige Früchte ab. Sie liebte Mangos, und die wilden schmeckten noch viel besser als die gekauften zu Hause, obwohl sie viel kleiner waren.

Als langsam die Dämmerung hereinbrach, hatte sie alles für die Nacht vorbereitet. Rucksack, Schlafsack und die Früchte lagen bereits auf ihrem provisorischen Lager hoch auf dem Baum. Pepper grübelte gerade, was sie noch tun könnte, bevor es endgültig dunkel war, als sie auf dem Boden eine Prozession von Blattstückchen vorbeiziehen sah. Sie bückte sich und sah etwas genauer hin. Kleine Blattteile wanderten in einer Reihe Richtung Dschungel. Pepper legte sich lang auf den Boden, um besser sehen zu können.

„Blattschneiderameisen!“ Natürlich, diese coolen Gärtnerinnen fand sie echt super. Sie konnten Blattstückchen, die bis zu zehnmal schwerer als sie selbst waren, zu ihrem unterirdischen Nest tragen. Onkel Theo hatte ihr einiges über diese Tiere erzählt.*

Wo wohl das Nest der Ameisen war? Interessiert kroch Pepper mit den Ameisen mit und bewunderte die Kraft, mit der die kleinen Tiere die großen Blattstücke mithilfe ihrer ersten Beinpaare über dem Kopf trugen. Ameisen hatten drei Beinpaare und gehörten zu den Insekten, wie die Schmetterlinge, die Hummeln und die lästigen Moskitos.

Pepper war so in die Beobachtung der Ameisen vertieft, dass sie überhaupt nicht bemerkte, wie es immer dunkler um sie herum wurde. Erst als Lori, die auf ihrem Rücken mitgeritten war, sie an den Haaren zog und ein leises Geräusch von sich gab, sah sie auf und erstarrte. Ein großes, schwarz-weißes Tier mit einem kleinen Kopf und einer dünnen, ewig langen Schnauze stand bewegungslos keine drei Meter von ihr entfernt. Ein Ameisenbär! So dicht war Pepper noch nie an einen herangekom-

* Wenn du mehr über diese Ameisen wissen willst, kannst du in Peppers Forscherbuch im Anhang ab Seite 172 nachlesen!

men. Der Ameisenbär hingegen beachtete das Mädchen überhaupt nicht, sondern starrte wie gebannt auf einen Punkt vor sich. Bei Ameisenbären war das normal: Onkel Theo sagte immer, Ameisenbären seien nicht die hellsten Kerzen im Dschungel. Wenn sie mit einer Sache beschäftigt waren, nahmen sie den Rest um sich herum nicht mehr wahr. Aber womit war der Ameisenbär überhaupt beschäftigt? Das große Tier hob eine Vorderpfote, die mit mächtigen sichelförmigen Krallen ausgestattet war, und hieb kraftvoll in die Erde. Dann steckte es seine lange Nase in den Boden. Pepper beobachtete beeindruckt das Schauspiel. Sie wurde gerade Zeugin davon, wie ein Ameisenbär ein Ameisennest aushob. Jetzt schlürfte er bestimmt mithilfe seiner langen Zunge möglichst viele Blattschneiderameisen auf, die dort ihr Nest hatten und durch den Angriff aufgescheucht wurden. Pepper war so fasziniert davon, dass sie ebenfalls alles um sich herum vergaß. Lori zog sie erneut an den Haaren und diesmal folgte ein sehr leises, aber eindringliches Alarmgeräusch. Aufgerüttelt riss Pepper sich von dem Ameisenbär los und versuchte, durch das inzwischen dichte Grau der Dämmerung zu schauen. Sie konnte nicht mehr viel erkennen, außer einem Umriss und zwei Lichtpunkten im Dunkeln – ein Augenpaar! Im Geiste ging sie die Möglichkeiten durch, welches Tier das sein konnte, und ihr wurde heiß und kalt zugleich. Ihre Augen gewöhnten sich an die Dunkelheit und sie konnte den großen Körper in geduckter, lauernder Haltung sehen, der zu dem Augenpaar gehörte. Ein Jaguar! Sie konnte das gefleckte Fell in der Dämmerung zwar nicht mehr ausmachen, aber ihr fiel auch kein anderes Tier in dieser Größe ein. Lautlos suchte Pepper Deckung hinter einem nahe gelegenen Busch. Der Jaguar durfte sie auf keinen Fall entdecken. Ihr Herz schlug wie verrückt. Sie musste jetzt ganz ruhig bleiben. Der Ameisenbär hatte inzwischen in Seelenruhe seine Abendmahlzeit beendet und drehte sich um. Plötzlich ging alles ganz schnell, die Raubkatze sprang auf den Ameisenbären zu. Pepper stockte der Atem und sie presste sich flach auf den Boden, die Hände vor den Mund gedrückt. Entsetzt schaute sie auf das Spektakel, das sich direkt vor ihr abspielte. Ameisenbären waren zwar nicht die schlausten Tiere, aber sie hatten mächtige Krallen! Der Ameisenbär holte aus und ließ seine Pranke auf den Jaguar niedersausen. Der blieb verdutzt stehen und musste gleich den nächsten Hieb einstecken. Nachdem er sich berappelt hatte, setzte das Raubtier erneut zum Sprung an, aber der Ameisenbär wehrte sich verbissen mit weiteren Schlägen. Der Jaguar musste den Krallenhieben ausweichen, um nicht verletzt zu werden. Langsam ging er rückwärts, versuchte aber trotzdem, immer wieder anzugreifen. Schließlich musste er aufgeben, drehte sich um und trottete davon. Pepper wagte nicht, sich zu rühren, sie und Lori gaben keinen Pieps von sich aus Angst, der Jaguar könnte zurückkommen und sie entdecken. So ein mutiger Ameisenbär, das war ja der Wahnsinn gewesen! Die beiden blieben noch eine Weile still liegen und Pepper beobachtete die Umgebung, so gut das noch ging bei der Dunkelheit. Als sie glaubte, dass die Luft rein war, lief sie so schnell sie konnte zu ihrem Schlafbaum und kletterte zum Schlafplatz hoch. Ihr Herz raste immer noch wie verrückt. Was für ein Erlebnis, die kämpfenden Tiere zu sehen und einem Jaguar so nahe zu sein, dass er sie hätte fressen können! Eine Gänsehaut zog sich über ihren ganzen Körper und sie presste ihr kleines Äffchen fest an sich. Dann versuchte sie, sich zu beruhigen. Wenn sie von diesem Erlebnis in der Schule erzählte, würden die anderen aber staunen! Aber wahrscheinlich würde ihr das keiner glauben, sie konnte es ja selbst kaum fassen.

Nun war es aber an der Zeit, endlich etwas zu essen. Pepper holte ihre Taschenlampe hervor, schaltete sie kurz ein und kramte die Müsliriegel aus dem Rucksack. Die Mangos schälte sie mit ihrem Messer und lutschte auch noch die Kerne ab. Die Früchte waren köstlich süß und tropften ziemlich. Am Ende hatte Pepper den klebrigen Fruchtsaft überall. „Bäh, morgen müssen wir uns im See waschen gehen." Lori knabberte vergnügt an einem Müsliriegel, bis Max ihn ihr stibitzte. Das Äffchen sprang schimpfend hinter ihm her, und Pepper fing an zu lachen und konnte gar nicht wieder aufhören. Danach fühlte sie sich

besser, irgendwie erleichtert, und war froh über die Gesellschaft der beiden. Es war stockdunkel geworden, am Himmel war der Mond zu sehen und viele große und kleine Sterne leuchteten sehr hell. Es würde wohl eine klare Nacht werden. Pepper fröstelte etwas und zog ihren Pullover über, bevor sie gähnend in den Schlafsack schlüpfte. Was für ein verrückter Tag: die Sorge um ihren Onkel, der Streifzug durch den Dschungel, die Netzfalle, die Fahrt mit dem Seerosenblatt über den Fluss und jetzt noch die kämpfenden Tiere. Unglaublich, was man hier alles an einem Tag erleben konnte! Peppers Gedanken wanderten zu ihrer Tante. Die arme Tante Frieda! Bestimmt war sie schon ganz krank vor Sorge um ihre Nichte. Zu blöd, dass Max sich nicht als Brieftaube eignete. Morgen musste sie sich unbedingt etwas einfallen lassen, um ihrer Tante irgendwie zu sagen, dass es ihr gut ging. Und wie ging es wohl ihrem Onkel? Trotz der Sorgen wurden ihre Glieder immer schwerer und die Erschöpfung von den Anstrengungen des Tages breitete sich in ihrem ganzen Körper aus. Lori hatte sich an sie gekuschelt und Max saß auf einem Zweig über ihr. Ihr letzter Gedanke war, dass sie hier alleine im Dschungel bestimmt niemals würde einschlafen können, als ihr auch schon die Augen zufielen und sie in einen tiefen, traumlosen Schlaf sank.

Es war schrecklich warm, als Pepper am nächsten Morgen die Augen aufschlug. Die Sonne war bereits aufgegangen und sie schwitzte in ihrem Schlafsack und dem viel zu dicken Pullover. Sie setzte sich auf und blinzelte ins Sonnenlicht. Wo zum Teufel war sie hier? Es dauerte eine Weile, bis die Erinnerung zurückkehrte. Ach ja, sie war auf der Suche nach Onkel Theo und hatte heute Nacht allein im Urwald übernachtet. Nein, nicht ganz allein, korrigierte sie sich im Stillen, ihre beiden treuen Begleiter waren ja bei ihr. Lori saß neben ihr und schnatterte vergnügt, Max trat von einem Bein auf das andere und schaute sie mit schief gelegtem Kopf an.

„Guten Morgen“, begrüßte Pepper die beiden.

Dann schälte sie sich vorsichtig aus dem Schlafsack und zog erst einmal den Pullover aus. Sie wollte sich am See waschen gehen und würde dort hoffentlich auch die nächste Nachricht von ihrem Onkel finden. Sie packte ihre Sachen zusammen und machte sich auf den Weg zu dem kleinen See, der nicht weit entfernt am Ende der Lichtung lag. Auf dem Weg dorthin aß sie ein paar Kekse zum Frühstück und überlegte, welches Obst sie nachher noch sammeln könnte.

Am Seeufer zog Pepper ihre Sachen aus und begutachtete die Striemen, die ihr die Stacheln der Seerose zugefügt hatten. Erleichtert stellte sie fest, dass das Jod half und die Entzündung zurückging. Langsam watete sie in den See. Brrr, war das kalt! Aber auch erfrischend. Pepper tauchte ins Wasser ein und schwamm ein paar Züge. Das Wasser schien ganz klar zu sein und Pepper ließ sich auf dem Rücken liegend wieder Richtung Ufer treiben. Sie trocknete sich mit dem Shirt vom Vortag ab und zog frische Sachen an. Das tat gut! Pepper fühlte sich wie neugeboren. Heute würde sie ihren Onkel finden, da war sie sich sicher!

Zunächst aber musste sie die Nachricht auftreiben – wo hatte Onkel Theo diese versteckt? Sie suchte das Ufer ab, bis

Lori schließlich mit einem Päckchen angerannt kam, das anscheinend in einem großen Farn verborgen gewesen war. Laut schnatternd saß das Äffchen neben Pepper, die ungeduldig das Wachstuch aufriss.

Liebe Pepper,

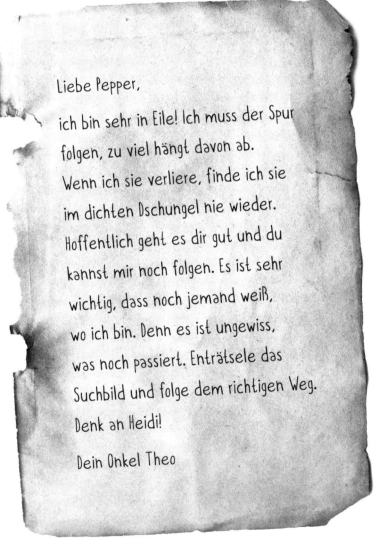

ich bin sehr in Eile! Ich muss der Spur folgen, zu viel hängt davon ab. Wenn ich sie verliere, finde ich sie im dichten Dschungel nie wieder. Hoffentlich geht es dir gut und du kannst mir noch folgen. Es ist sehr wichtig, dass noch jemand weiß, wo ich bin. Denn es ist ungewiss, was noch passiert. Enträtsele das Suchbild und folge dem richtigen Weg. Denk an Heidi!

Dein Onkel Theo

Suchbild:

Wie viele Insekten sind auf dem Bild versteckt?

- Weniger als zehn Insekten, dann gehe den Weg über die Hängebrücken. Am Ende habe ich dir eine neue Nachricht hinterlassen. Die Anzahl der Insekten auf dem Bild ist ein Hinweis für dich, wo ich die Nachricht versteckt habe! Lies auf Seite 123 weiter.
- Zehn Insekten, dann laufe immer weiter am See entlang, bis du zu Mabs Farm kommst. Die Anzahl der Insekten auf dem Bild ist ein Hinweis für dich, wo ich die nächste Nachricht versteckt habe! Lies auf Seite 88 weiter.
- Mehr als zehn Insekten, dann überquere die Lichtung und wähle den Weg durch den Dschungel, bis du wieder auf einen Flussarm vom Amazonas triffst. Dort findest du die nächste Nachricht. Die Anzahl der Insekten auf dem Bild ist ein Hinweis für dich, wo ich die Nachricht versteckt habe! Lies auf Seite 37 weiter.

LORIS GROSSER AUFTRITT

Pepper würde sich durch die große Krone des umgestürzten Baums schleichen und von dort auf die Straße gelangen. Die Männer waren hoffentlich weiter mit der Reparatur des Autos beschäftigt und würden sie nicht bemerken.

Pepper begann, sich durch die Äste und das Laub zu hangeln. Das war schwieriger, als sie gedacht hatte, sie musste ganz schön klettern und das funktionierte lange nicht so leise, wie sie gehofft hatte. Das trockene Laub raschelte, wenn sie darüberstieg. Langsam machte sich bei ihr die Erschöpfung breit, ihre müden Muskeln wollten nicht mehr so ganz, wie sie wollte. Mehrmals rutschte sie an den Ästen ab und einige knackten laut. Zum ersten Mal wünschte sie sich, gemütlich im Baumhaus zu sitzen und einfach nur ein Buch zu lesen. Nur die Sorge um ihren Onkel und die eingesperrten Tiere in den Käfigen trieb sie voran. Plötzlich hörte sie eine tiefe Stimme und das Blut gefror in ihren Adern.

„Hey, Carlos, hier im Baum raschelt was ganz laut. Ich geh mal nachsehen, wer oder was da rumkrabbelt. Viel-

leicht fangen wir noch ein letztes kleines Äffchen." Ein kratziges, hässliches Lachen ertönte.

So ein verdammter Mist, sie war einfach zu laut. Pepper kauerte sich auf den Boden und verhielt sich mucksmäuschenstill. Ihr Herz raste und wilde Gedanken schossen ihr durch den Kopf. Sie hörte ein lautes Rascheln, das schnell näher kam. Das musste der Mann sein, der eben gesprochen hatte, und er war auf der Suche nach der Ursache der Geräusche! Was, wenn er sie hier fand? Dann war alles aus, das wusste sie. Die Männer würden die Tiere abtransportieren und sie würden ihre Heimat nie wiedersehen, sondern ihr Dasein eingesperrt als Haustiere fristen. Pepper schluckte, sie musste irgendetwas unternehmen, die Verbrecher durften nicht davonkommen! Ihre Gedanken überschlugen sich und auf einmal war sie wieder hellwach. Es musste eine Lösung geben, es gab immer eine Lösung, wenn man nur genug nachdachte! Das Knistern und Knacken der Zweige war jetzt schon gefährlich nahe, der Mann kam offensichtlich rasch voran. Da kam Pepper eine Idee. Sie holte den Tukan von ihrer Schulter, küsste ihn auf den Kopf und flüsterte ihm zu: „Flieg weg, Max!“ Dann warf sie ihn in die Höhe, Max strauchelte etwas und flog dann schwerfällig davon. Das Rascheln stoppte.

„Hey, Diego, war wohl bloß ’n großer Vogel, der dort rumgeturnt ist“, hörte Pepper eine andere Männerstimme sagen, wahrscheinlich war das „Carlos“.

„Weiß nicht, meinst du, so’n Vogel macht solchen Lärm? Ich seh mal lieber weiter nach.“

Diego hatte sich erneut in Bewegung gesetzt und wieder kamen die Geräusche bedrohlich näher. Fast glaubte Pepper schon, seinen Atem zu riechen, und hielt entsetzt die Luft an. Da kam plötzlich Bewegung in Lori, die bis jetzt an Peppers Hals gehangen hatte. Das kleine Äffchen spürte die Gefahr und hatte sich zum Angriff entschlossen. Wie eine Wilde schoss sie durch das Geäst vorwärts und griff den Wilderer an, der völlig überrascht stehen blieb. Pepper vernahm nur einen gellenden Schrei und vermutete, dass Lori ihre scharfen Zähne irgendwo in den Mann versenkt hatte.

„Das Mistviech hat mich gebissen!“, brüllte Diego. „Schnapp es dir, Carlos, das können wir auch noch gut gebrauchen.“

Pepper hörte, wie Diego sich von ihr entfernte. Erleichtert stieß sie die Luft aus, das war buchstäblich in letzter Sekunde gewesen. Die mutige, kluge, kleine Lori hatte es mit einem ausgewachsenen Mann aufgenommen und sie gerettet!

„Der Affe ist zu den Käfigen gelaufen, beeil dich und hole das Netz, Diego!“, hörte Pepper einen weiteren Mann rufen.

Beklommen dachte Pepper an ihr kleines Äffchen, das es nun mit den drei Männern aufnehmen musste. Hoffentlich war Lori so klug, sich in den Urwald zu flüchten! Im Moment hatte Pepper aber keine Zeit, sich darüber Gedanken zu machen, sondern musste die Gunst der Stunde nutzen und sich bis zur Straße durchschlagen. Pepper kletterte so schnell sie konnte durch das Geäst. Um den Lärm, den sie verursachte, musste sie sich jetzt keine Gedanken mehr machen, denn die drei Männer veranstalteten selbst einen Riesenaufruhr bei dem Versuch, Lori einzufangen. Jetzt, wo sie nicht mehr so vorsichtig sein musste, ging alles viel schneller. Als sie den Rand der Baumkrone erreicht hatte, hielt sie nach den Männern Ausschau. Sie sah die drei mit einem Netz zwischen sich um die Käfige laufen, wahrscheinlich hatte Lori sich zu den anderen geflüchtet. Nun würde hoffentlich keiner auf Pepper achten und der Jeep mit dem Anhänger bot ihr zusätzliche Deckung. Sie rannte gebückt so schnell sie konnte zur Straße und sprang mit einem Satz ins schützende Dickicht am Straßenrand. Ihre Nerven waren zum Zerreißen gespannt, als Pepper lauschte. Es machte nicht den Eindruck, als hätte sie jemand gesehen, denn sie hörte die Stimmen der Wilderer nur leise aus der Entfernung. Meine arme kleine Lori, dachte Pepper traurig, bestimmt hat sie furchtbare Angst und ich bin nicht bei ihr. Doch sie musste sich zusammenreißen. Die Parkranger würden die Verbrecher festnehmen und einsperren. Außerdem ließ Lori sich bestimmt nicht so leicht fangen, dass hatte Pepper selbst schon öfter festgestellt, wenn sie gemeinsam spielten. Mit diesem Gedanken versuchte sie sich zu trösten, als sie auf die Straße trat und sich in Trab setzte, um so schnell wie möglich von den gefährlichen Männern fortzukommen.

WETTLAUF MIT DER ZEIT

Den Dauerlauf hielt Pepper allerdings nicht lange durch. Nach kurzer Zeit schon bekam sie Seitenstechen und höllischen Durst. Den Rucksack mit den Wasserflaschen hatte sie ja aber nicht mehr dabei. Der Urwald lieferte zwar alles, was man brauchte, aber sie hatte keine Zeit zu verlieren. Sie musste die Rangerstation erreichen, bevor die Wilderer ihr Auto wieder flott bekamen und für immer mit den Tieren verschwanden – unter denen sich vielleicht inzwischen auch Lori befand. Pepper hielt sich die Seiten und ging schwer atmend langsam weiter. Sie konnte ihr Glück kaum fassen, als sie plötzlich das vertraute Plätschern von sprudelndem Wasser hörte. Sie ging dem Geräusch nach und stürzte sich gierig auf das frische Wasser, das aus einer kleinen Quelle emporstieg. Sie benetzte ihr Gesicht und ihre Arme mit dem kühlen Nass, bevor sie weiterlief. Allerdings wollten ihre Beine nicht mehr weiterlaufen, sie wurden immer schwerer und schwerer. Nur der Gedanke an ihren gefangenen Onkel und die eingesperrten Tiere hinderte sie daran, sich einfach auf die Erde zu werfen und einzuschlafen.

Inzwischen war Pepper so erschöpft, dass sie gar nicht mehr richtig denken konnte. Daher dauerte es eine ganze Weile, bis sie die Motorengeräusche hörte. Als sie den Klang des Motors endlich wahrnahm, blieb sie erschrocken stehen. Die Wilderer hatten das Auto repariert und flüchteten mit den Tieren! Gehetzt sah sie sich um: Von wo kam das Geräusch, wo sollte sie sich verstecken? In ihrer Not sprang sie Hals über Kopf ins Gebüsch. Dort erst merkte sie, dass das Auto von vorn kam und nicht von hinten. Inzwischen stand die Sonne schon tief und die Sicht war nicht mehr so gut. Pepper kniff die Augen zusammen und versuchte, in der Dämmerung etwas zu erkennen. Erst als das Auto schon ganz nahe war, erkannte sie, dass es sich um einen Jeep der Ranger handelte. Sie rappelte sich auf und sprang aus dem Gebüsch – aber zu spät, der Jeep war an ihr vorbeigefahren.

„Oh nein!", schrie Pepper und rannte mit hoch erhobenen Händen hinter dem Jeep her. „Hilfe! Nehmt mich mit! Anhalten!"

Als sie schon fast die Hoffnung verloren hatte, bremste der Wagen abrupt ab und legte den Rückwärtsgang ein. Dann öffnete sich die Hintertür, Raoni sprang heraus und lief zu ihr.

„Mensch, Pepper, du verrücktes Huhn, auf dich muss man aber auch immer aufpassen, fast hätten wir dich nicht gesehen!" Raoni stand die Erleichterung darüber, sie gefunden zu haben, deutlich ins Gesicht geschrieben.

Pepper war überglücklich, ihn zu sehen. Inzwischen war auch ein Mann ausgestiegen und kam auf sie zu.

„Ist das das Mädchen, von dem du uns erzählt hast, Raoni, das den ganzen Weg von Friedas Farm bis hierher gelaufen ist?", fragte der Ranger.

Raoni nickte nur.

„Mannomann, ich glaub's einfach nicht, gegen dich war Tarzan ja ein Witz!" Freundschaftlich klopfte der Mann ihr auf die Schulter, woraufhin Pepper in ihrem geschwächten Zustand fast in die Knie ging.

„Oh, hoppla, sorry", lachte der Ranger und hielt Pepper am Ellenbogen fest. Dann wurde er schnell ernst. „So, dann erzähl mir bitte, was genau los ist. Dein Onkel wird vermisst, hat uns Raoni erzählt? Ich bin übrigens Ranger Ramon und mein Kollege Pepe sitzt noch am Steuer."

Da fiel Pepper der Zettel wieder ein, den der Onkel geschrieben hatte. Sie kramte das völlig zerknitterte Papier aus der Tasche und reichte es Ramon. Inzwischen war es so dunkel geworden, dass Ramon die Schrift nicht mehr lesen konnte. Er nahm seine Taschenlampe vom Gürtel und richtete den Lichtstrahl auf die Zeilen.

„Verdammt!", zischte er zwischen den Zähnen hervor. „Hinter dieser Bande sind wir schon lange her, wir brauchen dringend Verstärkung! Pepe, schau dir das mal an."

Ramon lief zum Wagen und zeigte seinem Kollegen Onkel Theos Zettel. Dann zückten die beiden ihre Funkgeräte und sprachen aufgeregt hinein.

Pepper und Raoni standen immer noch auf der Straße.

„Wieso bist du eigentlich hier, Raoni?", fragte Pepper. „Du wolltest doch nach Hause zu deinen Eltern gehen?"

„Du hast doch wohl nicht wirklich geglaubt, dass ich brav nach Hause gehe, während du in Gefahr bist, oder?", fragte Raoni sie grinsend.

„Äh, nö", sagte Pepper und verzog ihren Mund zu einem schiefen Grinsen. Aber tatsächlich hatte sie es doch geglaubt.

„Nachdem ich dich nicht dazu überreden konnte, mit mir zu kommen, wollte ich eigentlich nach Hause. Aber dann ist mir aufgefallen, dass es sehr viel schneller geht, wenn ich gleich zur nächsten Rangerstation laufe. Nur eine Stunde vom Wasserfall entfernt gibt es eine Brücke über den Strom und von da ist es nicht mehr weit. Ich habe mir solche Sorgen um dich gemacht, dass ich mich für diesen Weg entschieden habe. Erst wollten die Ranger mir gar nicht glauben, aber glücklicherweise haben sie sich dann doch mit mir auf den Weg gemacht. Da es nur eine befahrbare Straße aus dem Dschungel heraus gibt, wussten sie schon, wo sie suchen mussten."

„Oh, Raoni, zum Glück hast du das gemacht. Ich bin total fertig und hatte die ganze Zeit Angst, dass ich es nicht rechtzeitig schaffe.“ Pepper sah ihn dankbar an und berichtete, wo sie ihren Onkel endlich gefunden hatte und auch von den drei Wilderern, die Lori gejagt hatten.

„Und jetzt habe ich schreckliche Angst, dass Lori etwas passiert ist“, schloss Pepper ihre Erzählung und biss sich auf die Unterlippe, damit sie nicht zu weinen anfing.

Mitfühlend legte Raoni einen Arm um ihre Schultern. „Mach dir keine Sorgen, Lori weiß sich schon zu helfen. Sie ist der klügste Affe, den ich kenne. “

„Hey, ihr beiden“, rief Ramon ihnen zu. „Wir fahren jetzt!“

Aufgeregt rannten sie zum Auto, und kaum hatten sie sich hingesetzt, ging es auch schon los.

Pepe drehte sich zu ihnen um. Der hagere, hochgewachsene Mann sah sehr ernst und angespannt aus. „Wir haben Verstärkung angefordert, die bald eintreffen wird. Wir müssen die Kerle so schnell wie möglich festnehmen, dein Onkel ist in großer Gefahr.“ Er nickte Pepper grimmig zu. „Und die Tiere müssen dringend befreit werden.“

Jetzt schaltete sich Ramon ein. „Wenn es losgeht, dürft ihr den Jeep auf keinen Fall verlassen, ist das klar?“ Er sah die beiden auf dem Rücksitz eindringlich an. „So wie ich euch kennengelernt habe, scheut ihr keine Gefahr, aber ich will nicht, dass euch etwas passiert. Habe ich mich deutlich ausgedrückt?“

Die beiden nickten ihm stumm von der Rückbank aus zu. Es war ihnen nicht entgangen, dass die Parkranger unter

großer Anspannung standen und ziemlich besorgt aussahen.

Aus der Ferne hörte man Motorengeräusche, die schnell näher kamen, und mehrere Scheinwerfer wurden sichtbar. Es sah irgendwie gespenstisch aus in der Dunkelheit. Pepper und Raoni hatten sich umgedreht und konnten durch die Heckscheibe alles beobachten. Pepe stoppte den Jeep. Zwei weitere Jeeps stoppten hinter ihrem und danach kam noch ein großer Laster. Aus allen Fahrzeugen sprangen Ranger heraus.

„Wow“, sagte Raoni mit großen Augen, „hier ist ja was los!“

Ramon und Pepe stiegen aus, um sich mit den anderen Rangern zu beraten. Kurze Zeit später rief Ramon nach ihnen: „Hey, Pepper, Raoni, kommt mal her!“

Die beiden stiegen aus und traten zu den Rangern.

„Pepper, du bist die Einzige, die ungefähr weiß, wie die Lage auf dem Platz ist“, sagte Ramon zu ihr. „Es ist wichtig für uns, möglichst genau zu wissen, wo sich was befindet, wo dein Onkel ist und wo die Tierkäfige stehen. Wir müssen die Kerle unbedingt schnappen und wollen verhindern, dass sie auf Nimmerwiedersehen im Dschungel verschwinden. Kannst du uns so gut es geht alles beschreiben?“

Alle Augen ruhten auf Pepper.

„Haben Sie vielleicht ein Blatt Papier und einen Stift?“, fragte Pepper leicht eingeschüchtert. „Ich glaube, es ist besser, wenn ich alles aufzeichne. Ich bin nämlich auf einen Baum geklettert, um die Lage zu peilen, da hatte ich einen guten Überblick.“

Durch die Gruppe der Ranger ging ein belustigtes Raunen. „Ganz schön pfiffig die Kleine, alle Achtung!“, murmelte einer anerkennend.

Pepper bekam einen Stift und ein Klemmbrett und malte im Licht einer Taschenlampe das Gelände auf, mit dem umgestürzten Baum in der Mitte, dem kleinen Häuschen, in dem ihr Onkel festsaß, dem Zelt, dem Jeep und den Käfigen.

„Super, Pepper“, sagte Ramon, der offensichtlich der Einsatzleiter war, „das ist eine große Hilfe!“

Auf der Grundlage von Peppers Zeichnung besprachen die Ranger, wie sie vorgehen würden. Raoni und Pepper hatten sich derweil wieder auf den Rücksitz des Wagens begeben, beide waren zugleich müde und dennoch aufgeregt. Pepper war sehr bange zumute, sie hatte das Gefühl, im falschen Film gelandet zu sein. War tatsächlich vorgestern ihre Welt noch in Ordnung gewesen und das Aufregendste, was sie zu tun hatte, Futter für die Tiere zuzubereiten?

Nachdem der Einsatzplan fertig war, stiegen alle Ranger in ihre Autos und sie fuhren los in Richtung der Lichtung.

Als sie schon sehr nahe waren, schalteten alle ihre Scheinwerfer aus und fuhren langsam und leise an den Platz heran.

Ein wenig die Straße hinunter wurde eine Straßensperre errichtet, damit die Wilderer nicht einfach mit ihrem Auto flüchten konnten. Dann zogen die Ranger ihre Schutzwesten über und liefen los. Ramon blieb im Jeep bei den Kindern sitzen, er würde von hier aus die Einsatzkräfte koordinieren.

„Wir versuchen, sie einzukesseln", erklärte er den beiden, „und zwar möglichst unauffällig, damit wir einen Überraschungsangriff starten können."

Gespannt saßen Pepper und Raoni im Wagen und hörten Ramon zu, der unablässig in sein Funkgerät sprach. Den beiden war nicht nach Reden zumute, aber sie hatten sich an den Händen gefasst.

Hoffentlich geht alles gut, betete Pepper im Stillen, dann werde ich den Rest der Ferien brav auf der Farm helfen und auch nicht meckern, wenn ich die Ställe sauber machen muss.

Um sie herum war eine geradezu gespenstische Stille, die auf einmal von einem Ruf Ramons in das Funkgerät durchbrochen wurde: „Zugriff!"

Plötzlich leuchteten von überall her Lichter auf, die ganze Lichtung war erhellt, sie hörten Holz unter schweren Stiefeln knacken und die Rufe der Männer: „Nehmen Sie die Hände über den Kopf und keine Bewegung!"

Pepper und Raoni hielten die Luft an, jetzt endlich würde den Wilderern das Handwerk gelegt werden. Viele lange Minuten saßen sie mit klopfenden Herzen voller Ungewissheit im Auto und zerdrückten einander fast die Hände vor Aufregung. Die Zeit zog sich endlos wie Schleim, bis endlich eine Nachricht kam.

Ramon lauschte in sein Funkgerät und fing dann erleichtert an zu grinsen. „Alles gut, wir haben die drei festgenommen, sie saßen am Lagerfeuer und haben nicht mit uns gerechnet."

Die Kinder auf dem Rücksitz fingen an zu jubeln.

„Na, dann kommt, wir werden mal die Lage vor Ort checken." Mit diesen Worten stieg Ramon aus dem Auto, Pepper und Raoni folgten ihm.

Sie kamen gerade noch rechtzeitig, um die drei Wilderer zu sehen, die in Handschellen zu einem Fahrzeug geführt wurden. Zornig ballte Pepper eine Faust: Hoffentlich würden diese Mistkerle bis zum Sankt-Nimmerleins-Tag im Gefängnis bleiben! Von diesen düsteren Gedanken wurde sie schnell abgelenkt, als sie eine wohlbekannte Stimme vernahm.

„Pepper!", rief ihr Onkel, der in Begleitung von zwei Rangern direkt auf sie zukam.

„Onkel Theo!" Pepper rannte auf ihren Onkel zu. „Zum Glück bist du frei!"

Sie fielen sich in die Arme und konnten gar nicht mehr

loslassen. Zwei Ranger hatten parallel zur Festnahme der Verbrecher ihren Onkel aus seiner misslichen Lage befreit.

„Komm, Pepper." Der Onkel löste sich aus der Umarmung. „Jetzt müssen wir unbedingt nach den Tieren schauen."

Onkel Theo und Pepper gingen zu den Käfigen, um zu sehen, welche Tiere die Wilderer gefangen hatten. Unter den Gefangenen waren Seidenäffchen und auch einige Kapuzineraffen. „Oh nein, schau mal!", rief Pepper ihrem Onkel zu. „Hier ist sogar ein junger Jaguar!"

Der kleine Jaguar saß völlig verängstigt mit großen Augen in der Ecke seines viel zu kleinen Käfigs.

„Ist der süß!“, sagte Raoni, der den beiden gefolgt war, und kniete sich neben den Käfig.

„Raoni, was machst du denn hier?“, fragte der Onkel verdutzt, der den Jungen erst jetzt wahrnahm.

Pepper erläuterte ihrem Onkel, inwiefern sie es Raoni zu verdanken hatten, dass die Ranger so schnell zur Stelle waren.

Onkel Theo klopfte Raoni anerkennend auf die Schulter. „Gut gemacht, Junge, da hast du aber was gut bei mir!“

Pepper, die inzwischen alle Käfige inspiziert hatte, rutschte das Herz in die Hose. „Lori ist nicht dabei!“

„Was ist denn mit Lori?“, fragte Onkel Theo.

„Sie ist auf einen der Wilderer losgegangen und dann haben die Männer sie verfolgt. Ich konnte ihr doch nicht helfen, weil ich fliehen musste“, antwortete Pepper unglücklich.

„Bestimmt hat sie sich in den Dschungel geflüchtet, bei diesem ganzen Trubel hier traut sie sich nicht raus. Komm, wir gehen sie suchen.“

Onkel Theo, Pepper und Raoni gingen zum Waldrand und riefen immer wieder Loris Namen. Langsam wurde es auch stiller auf dem Platz und die großen Scheinwerfer waren abgebaut.

Mit Tränen in den Augen rief Pepper immer wieder schluchzend den Namen ihres geliebten Äffchens. Nun war sie so weit gewandert, hatte alle Gefahren überstanden und ihr Onkel war auch gerettet, aber am Ende hatte sie die kleine Lori verloren. Vielleicht hatten die Wilderer das Äffchen verletzt? Alles war nur ihre Schuld, weil sie so laut durch die Äste gekrochen war. Mitten in diesen düsteren Gedanken fiel plötzlich etwas auf ihren Kopf. Pepper schrie erschrocken auf, aber dann hörte sie das vertraute Schnattern.

„Lori!“ Sie schloss das kleine Fellknäuel überglücklich in die Arme. Auch Lori schien sich zu freuen und schlang beide Ärmchen um ihren Hals.

„Ich hab sie gefunden!“, rief sie den anderen zu.

„Und ich habe auch noch jemanden gefunden“, rief der Onkel lachend zurück und kam mit Max auf der Schulter zu ihr, der zufrieden knarrte.

Inzwischen hatte sich Ramon zu ihnen gesellt. „Es ist jetzt wirklich Zeit aufzubrechen. Was machen wir mit den Tieren?“, fragte er Onkel Theo.

„Die nehmen wir besser alle mit zu Frieda auf die Farm. Der kleine Jaguar braucht Betreuung, wir wissen nicht, wo seine Mutter ist. Außerdem müssen die Affen untersucht werden, ob sie verletzt oder zu geschwächt für den Dschungel sind. Wir werden sie aufpäppeln und anschließend wieder auswildern, da hat Frieda viel Erfahrung.“

„Ja, ich weiß“, antwortete Ramon. „Es ist ein Segen, dass es eure Farm gibt. Dann mal los, die Tiere aufladen und ab nach Hause.“

ENDLICH SCHLAFEN

Der Jeep rumpelte über die unebenen Fahrwege und Pepper fielen immer wieder die Augen zu. Ihr Onkel hatte seinen Arm um sie gelegt und auf ihrem Schoss hatte sich Lori zusammengekuschelt. Max hatte sich geweigert, in das Auto verfrachtet zu werden, und war davongeflogen. Wenn der Tukan Lust dazu hatte, würde er den Weg zur Farm allein finden. Ein anderer Wagen brachte Raoni zu seinen Eltern. Er hatte Pepper zum Abschied umarmt und versprochen, so bald wie möglich zur Farm zu kommen. Raoni wollte unbedingt bei der Pflege des kleinen Jaguars mithelfen. Pepper lächelte in sich hinein, sie freute sich jetzt schon darauf. Aber am meisten freute sie sich auf ihr Bett. Sie konnte sich nicht erinnern, jemals in ihrem Leben so müde gewesen zu sein!

Tante Frieda erwartete sie vor dem Baumhaus. Inzwischen war sie über den Verbleib ihres Mannes und Peppers informiert worden.

Sie freute sich so sehr, die beiden wiederzusehen, und lachte, weinte und schimpfte abwechselnd ohne Unterlass.

Schließlich löste sich Onkel Theo lächelnd aus ihrer Umarmung. „Frieda, du kannst uns morgen weiter ausschimpfen. Aber jetzt brauchen die Tiere deine Hilfe, bestimmt sind sie schon halb verhungert und verdurstet." Er zeigte auf die Käfige, die zwei Ranger gerade abluden.

Tante Frieda schlug die Hände über dem Kopf zusammen: „Oh weh, die armen Tiere!"

Jedes Tier bekam ein passendes Gehege und wurde mit Futter und Wasser versorgt. Alle packten mit an, selbst die Ranger. Anschließend saß die Gruppe müde aber glücklich um den großen runden Tisch im Baumhaus und aß köstlich belegte Brote, die Tante Frieda schon vorbereitet hatte. Lori wurde von allen mit Leckerbissen verwöhnt und Pepper erzählte von ihrem Abenteuer.

Schließlich sprach ihre Tante ein Machtwort.

Sie versorgte die zahlreichen Schrammen ihrer Nichte und brachte die völlig erschöpfte und übermüdete Pepper ins Bett. „Bitte jag mir nie wieder so einen Schrecken ein!" Tante Frieda presste Pepper ganz eng an sich, und man konnte ihre Erleichterung fühlen. „Und jetzt ruh dich gut aus." Sie gab ihr einen Kuss auf die Stirn und verließ das Zimmer. Daraufhin schlüpfte Onkel Theo herein und setzte sich zu Pepper aufs Bett.

„Pepper, ich bin so stolz auf dich. Wenn du mich nicht gesucht hättest, wer weiß, wie die ganze Sache dann ausgegangen wäre."

Er strich ihr über den Kopf und stand auf. „Ach ja, und damit dir morgen nicht gleich langweilig wird, habe ich dir noch ein letztes Rätsel mitgebracht." Schmunzelnd legte er einen Zettel auf ihren Nachttisch und verließ leise den Raum.

Zufrieden wälzte sich Pepper auf die Seite, Lori kuschelte sich eng an sie. Was waren das für aufregende Tage gewesen, sie konnte kaum glauben, was alles passiert war. Trotz der Ängste, die sie ausgestanden hatte, und trotz der Anstrengung und Erschöpfung fühlte sie sich unglaublich stark und glücklich. Wenn sie das zu Hause ihren Klassenkameraden erzählte! Und ihr letzter Gedanke, bevor sie endlich einschlief, war, dass ihr das Dschungelabenteuer wahrscheinlich niemand glauben würde.

Kreuzworträtsel von Onkel Theo

1. Ein meist bunter Vogel mit einem kräftigen Schnabel. Einige Arten können die menschliche Stimme nachahmen.
2. Der ständige Begleiter von Pepper Mint ist ein?
3. Das größte Raubtier im Amazonas-Regenwald.
4. Kletterpflanzen im Regenwald, die an Bäumen entlangwachsen und bis zu 70 m hoch werden können.
5. Ein Säugetier, das im Amazonas-Fluss im Wasser lebt. Es gehört zu den bedrohten Tierarten.
6. Ein Tier mit acht langen Beinen und einem behaarten Körper; der Biss ist schmerzhaft, aber nicht tödlich.
7. Die artenreichste Klasse* der Tiere überhaupt. Die Vertreter haben sechs Beine und kommen überall auf der Welt vor.
8. Knapp 70 % unseres Körpers besteht daraus.
9. Zu welcher Tierklasse gehört Max, der Tukan?
10. Die Haut bezeichnet man auch als unser größtes?
11. Damit denken wir und nehmen Informationen aus der Umwelt auf. Es liegt gut geschützt im Schädel.
12. Der Saft einer Zitrone ist chemisch gesehen eine?
13. Ohne sie geht nichts, sie bewegen unseren Körper und stützen uns außerdem.

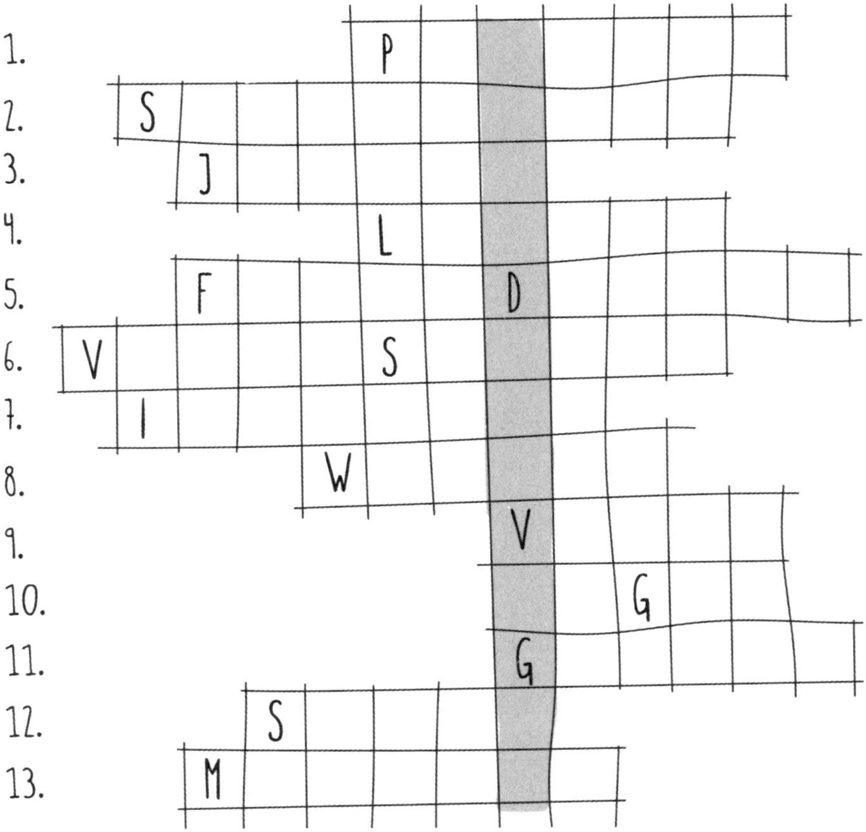

* Tiere mit gemeinsamen Eigenschaften werden zu einer Tierklasse zusammengefasst. Beispiel: Tiere, die ihre Jungen säugen, meistens ein Fell besitzen und eine konstante warme Körpertemperatur haben, gehören zur Klasse der Säugetiere.

Lösungswort: _ _ _ _ _ _ _ _ _ _ _ _ _

PEPPERS FORSCHERBUCH

Amazonas-Nachschlageseiten

Amazonas Regenwald

Der Amazonas ist einer der wasserreichsten Flüsse der Welt und fließt größtenteils durch Brasilien, ein Land in Südamerika. Rund um den Amazonas befindet sich der größte zusammenhängende Regenwald der Welt. Der Regenwald ist einer der schönsten und ungewöhnlichsten Lebensräume der Erde und beherbergt unzählige Pflanzen- und Tierarten. Im Regenwald ist es das ganze Jahr über grün, denn es ist immer warm und feucht, sodass die Bäume nie ihre Blätter abwerfen, wie das im Winter bei uns der Fall ist. Die Bäume dort können bis zu 70 Meter hoch werden und beschatten den Erdboden. Deshalb haben die Pflanzen verschiedene Strategien entwickelt, um an das Sonnenlicht zu kommen, das sie zum Leben brauchen. Lianen zum Beispiel wachsen an den Baumriesen hoch zum Licht, andere Arten wie Orchideen oder Bromelien wachsen sogar direkt auf den großen Bäumen, ohne Kontakt zum Boden zu haben. Regenwälder sind die grüne Lunge der Erde. Die vielen Bäume und anderen Pflanzen produzieren einen großen Teil des Sauerstoffs, den wir zum Atmen brauchen. Aber die Regenwälder sind in großer Gefahr: Die Bäume werden abgeholzt und als wertvolle Tropenhölzer verkauft. Auch werden viele Teile gerodet, um stattdessen Weiden für Viehherden zu schaffen oder Felder, auf denen beispielsweise Futter für die Tiere angebaut wird. Große Teile des Regenwaldes sind bereits für immer vernichtet worden und damit auch unzählige Tier- und Pflanzenarten, die es nur dort gab. Durch die Abholzung der Wälder verändert sich auch das Klima der Erde.

Blattschneiderameisen

Die Blattschneiderameisen können mit ihren starken Mandibeln, das ist der Fachbegriff für die Maulwerkzeuge, Blattteile von Pflanzen abtrennen. Andere Ameisen transportieren diese dann in das unterirdische Nest des Ameisenstaates. Dort werden die Blätter noch einmal zerkleinert und dienen als Nahrung für einen bestimmten Pilz, den die Ameisen züchten. Denn von diesem Pilz ernähren sie sich. Blattschneiderameisen sind also genau genommen kleine Gärtnerinnen, die einen unterirdischen Garten beackern.

Baumsteigerfrösche/Pfeilgiftfrösche

Die kleinen, oft knallbunten Frösche klettern auf hohe Bäume, um dort ihre Eier an einem geschützten Ort abzulegen. Die amerikanischen Ureinwohner benutzten den giftigen Schleim der Frösche für ihre Pfeile, deshalb werden die Tiere umgangssprachlich auch als Pfeilgiftfrösche bezeichnet. Je nach Art kann der Schleim für Menschen und Tiere sehr giftig sein und schnell zum Tod durch Atemlähmung führen. Weniger giftige Frösche erzeugen „nur" Fieber oder Krämpfe. Die grelle Färbung der Frösche ist eine Warnung an ihre Fressfeinde: Rührt mich nicht an!

Riesenseerose (Victoria amazonica)

Die Blätter der Riesenseerose haben eine Art Stützgewebe an der Blattunterseite, das sie sehr stabil macht. Dieses besteht aus den Blattadern, die aus der Mitte bis zum Rand verlaufen und sehr dick nach außen gewölbt sind. So können sich zwischen dem Blatt und dem Wasser Luftkissen bilden und dadurch kann ein Blatt bis zu 100 Kilo tragen. Die ebenfalls riesigen Blüten gehen nur nachts auf: In der ersten Nacht blühen sie weiß und duften herrlich, und in der zweiten sind sie pinkfarben. Danach verschwinden sie unter der Wasseroberfläche.

LÖSUNGEN ZU DEN RÄTSELN UND EXPERIMENTEN

Geheimschrift (S. 27)

Es gibt wirklich viele Arten von Geheimschriften! Onkel Theo hat folgende verwendet: Der letzte Buchstabe jedes Worts wird dem folgenden Wort vorangestellt. Dadurch werden die Wortgrenzen verschoben. Außerdem hat er den Buchstaben „e“ durch eine „3“ ersetzt.

Die vollständige Nachricht lautet:
Liebe Pepper,
wenn du diese Nachricht liest, bin ich nicht zurückgekommen. Ich verfolge eine wichtige Spur und brauche vielleicht deine Hilfe. Gehe zwei Stunden den Pfad entlang immer Richtung Norden, bis du am Flussufer ankommst. Da ich meinen Kompass mitgenommen habe, musst du dir einen eigenen bauen, das ist ganz einfach! Es steht alles in der Anleitung.

Ei in Salzwasser (S. 122)

Ein frisches Ei ist schwerer als Wasser, deshalb sinkt es in einem Wasserglas auf den Boden. Wenn du aber Salz im Wasser auflöst, erhöhst du damit die Dichte und das Wasser wird schwerer. Hast du ausreichend Salz aufgelöst, schwimmt das Ei an der Oberfläche, weil es jetzt leichter als das Salzwasser ist. Dies ist auch der Grund, weshalb man im salzigen Meerwasser besser schwimmen und nicht so leicht untergehen kann!

Geheimschrift mit Jod (S. 55)

In Mehl ist Stärke enthalten und diese wird durch Jod blau gefärbt. Wenn du auf ein saugfähiges Papier ein Mehl-Wasser-Gemisch aufträgst, dann ist das farblos, wenn es getrocknet ist. Trägst du anschließend die Jodlösung auf, verfärben sich deine Schriftzeichen sofort dunkel. Je nachdem, wieviel Jod in der Lösung enthalten ist, ist die Färbung blau, violett oder fast schwarz. Diese Methode kannst du nicht nur als Geheimschrift verwenden, sondern damit auch Stärke in Lebensmitteln nachweisen! Tropfe z. B. die Jodlösung auf ein kleines Stückchen Brot oder eine geschälte Kartoffel und warte ab, ob eine Blaufärbung einsetzt. Wenn ja, hast du Stärke nachgewiesen. Du kannst den

Versuch auch mit anderen Lebensmitteln durchführen, z. B. mit einer Gurke. Sie wird sich nicht verfärben, da sie keine Stärke enthält.

Reihen fortsetzen (S. 86)

Lösung: 47/83/79/21
Alle Zahlen sind ungerade.

Suchbild Insekten (S. 148)

Insekten haben drei Beinpaare, also insgesamt sechs Beine, und daran kannst du sie auf dem Suchbild erkennen! Es sind acht Insekten versteckt: Ameise, Biene, Fliege, Schmetterling, Libelle, drei Käferarten

Rätselgeschichte (S. 135)

Tante Frieda hatte ursprünglich **80** Zaubernüsse gesammelt. An die Affenbande hat sie die Hälfte verfüttert, also blieben 40 Stück übrig. Dem kleinen Jaguar hat sie die Hälfte überlassen, nun hatte sie nur noch 20 Zaubernüsse. Leider ist sie dann gestolpert und hat wieder die Hälfte verloren. Als sie auf der Farm ankam, hatte sie also nur noch zehn Nüsse.

Tipp: Wenn du solche Rätsel lösen möchtest, fängst du am besten von hinten an!

Brodelndes Gemisch (S. 74)

Beim brodelnden Gemisch läuft eine chemische Reaktion zwischen der im Wasser gelösten Zitronensäure und dem Natron ab. Dabei entsteht das Gas Kohlenstoffdioxid (CO_2), das plötzlich frei wird, sich schnell ausdehnt und einen Weg nach oben sucht. Deshalb fängt die Mischung in deinem Glas ziemlich heftig an, zu brodeln und große Blasen zu schlagen. Wenn das Kohlenstoffdioxid in die Umgebungsluft entwichen ist, hört der Spuk so schnell auf, wie er begonnen hat. Und vielleicht ist dir auch aufgefallen, dass das Glas mit dem brodelnden Wasser schlagartig kühler wird. Für die chemische Reaktion wird nämlich Energie benötigt und diese wird aus der Wärme des Wassers bezogen, das daraufhin abkühlt.

Entweichendes Gas kannst du auch beobachten, wenn du eine Sprudelflasche öffnest. Die darin enthaltene Kohlensäure zerfällt zu Kohlenstoffdioxid und Wasser, das Gas kommt in kleinen Blasen an die Oberfläche.

Geheimschrift (S. 27)

Liebe Pepper,
jetzt bin ich mir sicher und muss dich warnen.
Meine schlimmste Befürchtung ist eingetroffen. Ich verfolge Wilderer, die sehr gefährlich sind. Es ist mir nicht gelungen, die Ranger zu erreichen. Nun musst du das tun! Lauf den Fluss entlang immer Richtung Norden. Nach ungefähr anderthalb Stunden erreichst du dann die Rangerstation. Informiere die Ranger darüber, dass drei Wilderer viele Wildtiere gefangen haben und aus dem Dschungel schaffen wollen!

Zahlenschloss (S. 34)

Das unten dargestellte magische Quadrat ist nur eine mögliche Lösung. Vielleicht findest du noch weitere?

Kreuzworträtsel von Onkel Theo (S. 171)

1. PAPAGEI
2. SEIDENAFFE
3. JAGUAR
4. LIANEN
5. FLUSSDELFIN
6. VOGELSPINNE
7. INSEKTEN
8. WASSER
9. VÖGEL
10. ORGAN
11. GEHIRN
12. SÄURE
13. MUSKELN

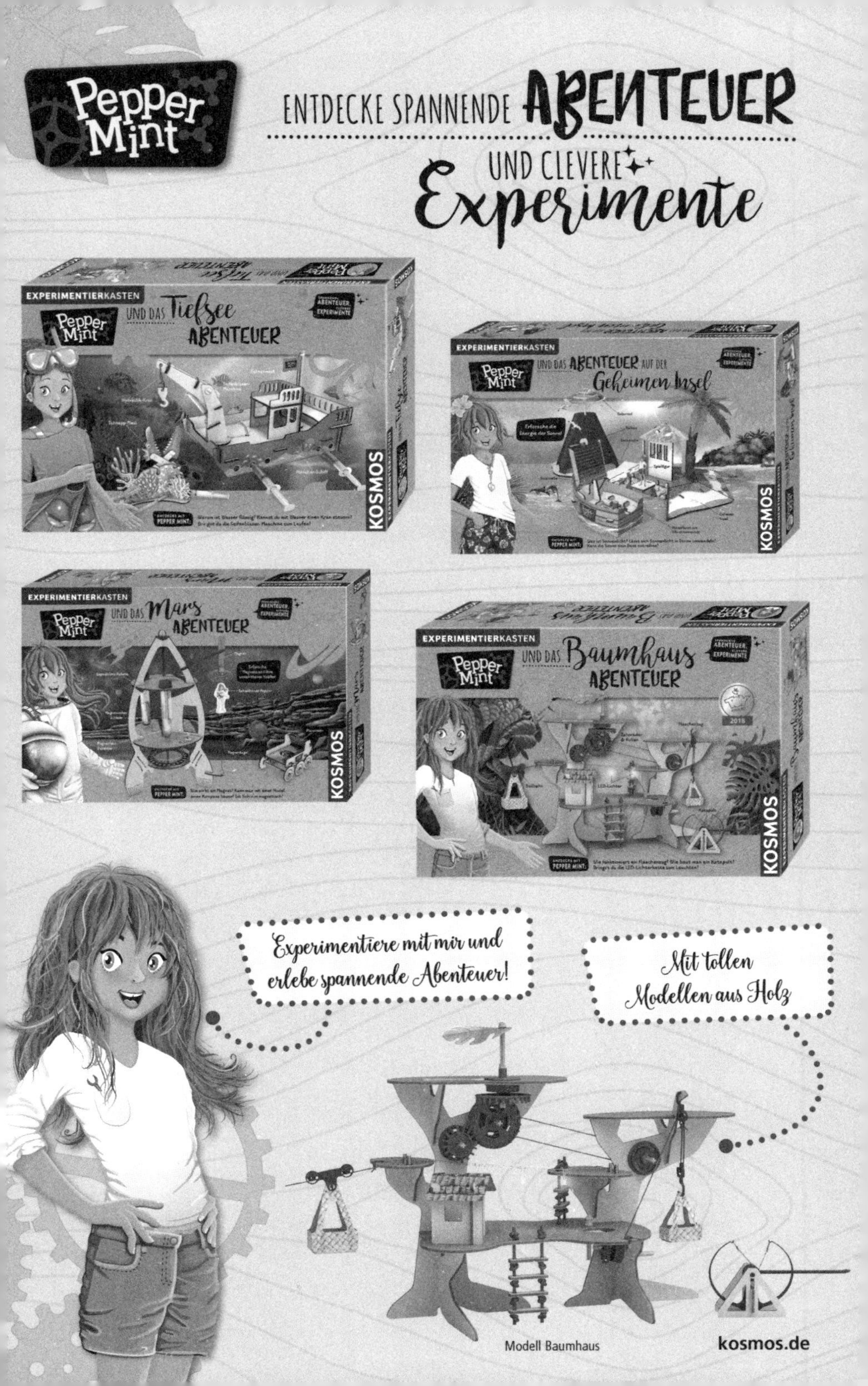
Pepper Mint
ENTDECKE SPANNENDE ABENTEUER
UND CLEVERE Experimente
EXPERIMENTIERKASTEN
Pepper Mint UND DAS Tiefsee ABENTEUER
KOSMOS
EXPERIMENTIERKASTEN
Pepper Mint UND DAS ABENTEUER AUF DER Geheimen Insel
KOSMOS
EXPERIMENTIERKASTEN
Pepper Mint UND DAS Mars ABENTEUER
KOSMOS
EXPERIMENTIERKASTEN
Pepper Mint UND DAS Baumhaus ABENTEUER
KOSMOS
Experimentiere mit mir und erlebe spannende Abenteuer!
Mit tollen Modellen aus Holz
Modell Baumhaus
kosmos.de

LESEPROBE

144 Seiten, €/D 14,99
ISBN 978-3-440-15697-1

Endlich Schulschluss! Aber nicht für Luca, Ben und Mina. Sie müssen nachsitzen. Doch warum wurden sie dazu in einen längst nicht mehr benutzen Klassenraum im Keller zitiert? Und was hat es mit den mysteriösen Aufgaben, die sie lösen sollen, auf sich? Mina will gehen, doch die Tür ist verschlossen und es gibt keinen Weg hinaus. Es sei denn, die drei entschlüsseln alle Rätsel.

Nicht nur für Luca, Ben und Mina, auch für dich als Leser beginnt eine Rätselreise der Extraklasse. Also, worauf wartest du?
Lies doch mal rein …

0 0 5

+-+-SOMMER-+-+

Der Abend, von dem ich dachte, er würde einer der langweiligsten meines Lebens, wurde einer der aufregendsten Abende überhaupt – und einen aussetzenden Herzschlag lang befürchtete ich sogar, es sei mein letzter.

Warum mir in diesem Augenblick ausgerechnet Wahrscheinlichkeitstheorie einfiel, weiß ich nicht. Aber wenn null ein Ereignis beschreibt, das nie, und eins ein Ereignis, das sicher eintreten wird: Wie viele weitere Nullen stünden wohl hinter dem Komma für die Wahrscheinlichkeit, auf einer Spendengala der Schule plötzlich jemandem mit Löwenmaske und Waffe gegenüberzustehen?

Aber genau das ist passiert. Mir. Dabei war ich erst seit Kurzem auf dem Leonardo-da-Vinci-Gymnasium. Und wenn es nach mir gegangen wäre, wäre ich gar nicht hier gewesen. Nicht auf der Schule und nicht auf der Spendengala.

Es war der erste warme Tag. Die Luft roch nach Sommer und Salz. Das Meer war nicht weit, einer der wenigen Vorteile, mit dem mich meine Mutter zu ködern versucht hatte.

„Du hast das Meer doch immer gemocht."

Das tat ich noch. Aber wohnen wollte ich lieber in der Stadt.

Als meine Mutter aus der Kanzlei anrief, hoffte ich kurz, dass sie es nicht pünktlich schaffen würde. Dass der Abend mir gehören würde. Füße auf dem Balkongitter, Musik auf den

Ohren, den Blick ins diesige Blau gehen lassen. Doch meine Mutter würde sich bloß etwas verspäten.

Als wir zusammen die Aula betraten, war sie fast bis auf den letzten Platz besetzt, nur in den hinteren Reihen war noch etwas frei. Wenigstens musste ich so nicht vorne sitzen, Aufmerksamkeit heucheln oder nichtssagende Floskeln mit Lehrern austauschen: „Ah, Luca, das ist also deine Mutter. Wie schön, Sie kennenzulernen, Frau Masur. Und, wie gefällt es Ihnen beiden bei uns?"

Gar nicht. Ich will zurück nach Berlin.

Was wohl passieren würde, wenn alle sagten, was sie dachten? Ich war sicher nicht der Einzige, der lieber woanders gewesen wäre als auf dieser Veranstaltung, die so war, wie solche Veranstaltungen eben sind. Etwas größer und aufwendiger als an meiner alten Schule, die eine ganz gewöhnliche Schule gewesen war und keine vielfach ausgezeichnete wie das Leonardo-da-Vinci-Gymnasium, das die Schwerpunkte Kunst und Wissenschaft hatte.

„Wie geschaffen für dich, Luca! Hier werden deine Talente doch viel besser gefördert" (zweiter Köder meiner Mutter). Ja, vielleicht hatte ich hier tatsächlich mehr Möglichkeiten, aber Schule ist nun mal nicht alles.

Ich versuchte, eine einigermaßen bequeme Sitzhaltung zu finden, und sah mich um. Die meisten waren festlich gekleidet, die Aula war geschmückt, aber es war trotzdem eine Aula mit Plas-

tikklappstühlen und Topfpflanzen in den Ecken. Die Jalousien vor den bodentiefen Fenstern sperrten den Frühsommerabend aus, nur durch einen schmalen Spalt fielen ein paar Strahlen der Abendsonne. Das Scharren der Stuhlbeine auf dem Fischgrätparkett und das Gemurmel verstummten, als Kemnat, der Direktor, auf die Bühne trat und die Eröffnungsrede hielt.
Schön hintergründig und scharfsinnig, fand meine Mutter.
Schön kurz, fand ich.
„Er ist charmant", sagte meine Mutter.
Mh. „Er ist in Ordnung."
Wenigstens hatte Kemnat Humor. Er konnte sarkastisch sein, aber er nutzte das nie, um jemanden bloßzustellen. Sich mit ihm auf eine Diskussion einzulassen konnte zwar schnell in einer Niederlage enden, aber er nahm uns und das, was wir sagten, ernst. Dinge infrage zu stellen war bei ihm ausdrücklich erwünscht. Auch sonst hob er sich vom Gros der Lehrer ab. Für einen Direx war er ziemlich jung und irgendwie ... echt. Einfach er selbst.
Nachdem Kemnat seine Ansprache beendet hatte, wurde ein schmächtiger Herr in einem staubgrauen Anzug ans Rednerpult gebeten. Es war der Filialleiter der größten Bank vor Ort, der die Spendenaktion überwachen sollte. Harms oder Herms, ich hatte nicht genau aufgepasst. Während er sein Manuskript zurechtlegte, wurde ein mit Rollen versehenes Podest auf die Bühne geschoben, darauf ein nicht sehr großer,

aber massiver Tresor aus hellgrauem Stahl. Er schien schwer zu sein, zumindest nach dem angestrengten Gesichtsausdruck des Hausmeisters zu urteilen, der Mühe hatte, die Feststellvorrichtung der Rollen einrasten zu lassen.

„Fast dreihundert Kilo, mehrwandig, drei Sicherheitsschlösser, darunter ein elektronisches mit PIN-Code, verschließbare Einwurfschublade mit Rückholsperre – Ihre Spenden sind bei mir sicher." Harms-oder-Herms lächelte leicht. „Und keine Sorge, Schlüssel und Code werden von drei verschiedenen Personen verwahrt, ich kann also nicht in Versuchung kommen." Da er dabei den Direktor ansah, lag es nahe, dass dieser eine der drei Personen war.

„Die Herren, die Sie draußen vor den Eingängen der Schule gesehen haben, werden den Transport in die Bank überwachen." Über die Sicherheitsleute und Einlasskontrollen hatte ich mich schon gewundert, aber sie ließen die Veranstaltung natürlich seeehr bedeutsam erscheinen.

Ich sank etwas tiefer in den Stuhl und beneidete den Hausmeister, der sich leisen Schrittes Richtung Ausgang bewegte. Er zog fast unmerklich ein Bein nach – das war mir noch nie aufgefallen.

Unter anhaltendem Applaus betraten dann zwei der größten Förderer der Schule die Bühne: das Ehepaar Janssen. Beide waren selbst auf dem Leonardo-da-Vinci gewesen und besaßen eine erfolgreiche Firma für Sicherheitstechnik. (Am Tresor prangte in großen Buchstaben das Firmenlogo.) Ihr Sohn, Ben, ging mit mir in eine Klasse. Die ganze Janssen-Dynastie schien auf dieser Schule gewesen zu sein, ein Cousin von Ben hatte gerade Abi gemacht.

Auf die Rede der Janssens folgten weitere, die keinen Inhalt hatten, bis auf den, den Leuten möglichst viel Geld aus der Tasche zu ziehen. Und es funktionierte. Das Leonardo-da-Vinci-Gymnasium hatte viele Gönner: Unternehmer aus der Umgebung und gut verdienende Eltern, die für ihre Kinder die bestmögliche Ausbildung anstrebten. Niemand wollte kleinlich erscheinen. Allein die Janssens spendeten 50.000 Euro. In etwas mehr als anderthalb Stunden kamen fast 400.000 Euro zusammen, und das war erst die Halbzeit. Natürlich hatte ich nichts dagegen, wenn alle Klassenräume mit interaktiven Tafeln ausgerüstet und die Brache neben dem Sportplatz zum Schulgarten werden würde, aber dagegen, weitere anderthalb Stunden hier zu sitzen, hatte ich sehr viel.

Zwischen Reden und Spenden lagen Auftritte der Schüler: die Ballettgruppe der fünften Klassen, physikalische Experimente der sechsten, Poetry-Slam der siebten, ein Wunderkind aus der achten spielte Klavier. Als die Theater-AG der neunten Ausschnitte aus ihrer Musicalaufführung zeigte, wollte ich nur noch eines: hier raus.

Ich schaute mich nach einer Fluchtmöglichkeit um, aber meine Mutter erriet meine Absicht. „Denk nicht mal dran!“